自炊の壁
料理の「めんどい」を
乗り越える
100の方法
佐々木典士　山口祐加
ダイヤモンド社

はじめに

佐々木典士

「そうですね、いちおう自炊はしてますね……」

料理のことを聞かれても、自信がないから歯切れが悪い。

大学生になりひとり暮らしを始めたとき、料理を覚えようと思った。買い込んだのは、肉じゃがやら、ハンバーグやら「基本」のメニューが載ったレシピ本。

慣れ親しんだ実家の味とは違うが、レシピを見ればどれも美味しく作れた。

まだ作ったことのないレシピのページを開き、「基本」の料理を次々にマスターする、そうすればいつかは料理上手になれるのではないか？

しかし……いつまで経ってもレシピがないと作れない。細かい分量も覚えられる気もしない。

それでもたまには奮起して、レシピ本にある食材を買い揃える。用途がはっきりしている「新品」の食材たちはまだいい。何かの料理を作った後、余った食材で何を作ったらいいのかわからず、冷蔵庫で野菜はしなしなになっていった。

そんな風に、料理上手への道は、ぼくにとって長らく謎に包まれたままだった。料理はあまりにも複雑すぎるものとして、いつも遠いところにあった。

そうして編み出したのが、毎日同じものを食べる、という方法だ。朝はパンにサラダにヨーグルト、昼は玄米と卵焼き、ぬか漬けのお弁当。夜は味噌汁と、少しの肉を焼く。

栄養的にはなんの問題もなく、体調もすこぶる良かった。スーパーに行っても、切らしている食材を補充すればいいだけ。簡単簡単。

ひとりなら、確かにそれでも良かった。しかし歳を重ね、人より随分遅れて、ようやく誰かと共に生きることを決意したとき、改めて料理と向き合いたいと思った。

パートナーはぼくと同様、料理が得意とは言えなかった。このままでは、苦手な料理を押し付けあったり、分担がいかに不公平であるかで、たびたび問題になってしまうかもしれない。

でも、もし料理が「進んでやりたいもの」になったとしたら？

前例はあった。ぼくはものを大幅に減らしてから、かつて嫌いだった掃除や洗濯が大好きになっていた。今では掃除はロボット掃除機に任せたくはない、大切なものになっている。

そんなときに出会ったのが、自炊料理家の山口祐加さんである。

ものが少ないぼくと、山口さんには共通点がたくさんあった。山口さんは料理家としては、とても小さなキッチンで毎日料理を作っている。調理道具も最低限で、冷蔵庫だって本当に小さい。

料理家といえば、無限に並んだ鍋や、うず高く積み上げられた皿がアイデンティティではなかったのか……。

料理の教え方も、堅苦しくなく、作り手に自由を残してくれる。「これは欠かせない、こうでなくてはいけない」ではなく「それでもよく、あれでも構わない」というのが山口さんのスタイルだ。

切るサイズを聞いたら「口に入る大きさで」、何分煮込むのか尋ねたら「美味しそうに見えるまで」。そう答えてくれそうなのが、山口さんである。

山口さんの考えに触れると「これならできるかも」と背中を押された。ずいぶんと昔に挫折してしまった料理に再入門しようと思えたのだ。

料理初心者であるぼくが、日々実践する中で感じた「自炊の壁」。あまりにも初心者すぎて、調理法だけではなく、買い物の仕方から、後片付けに至るまであらゆる場面で、自炊の壁はむくむくと起き上がり、その姿を現してきた。
壁を目の前にしても、心を折らず自炊を楽しく続けるには一体どうしたらいいのか？　山口さんにノートいっぱいの疑問を毎回ぶつけ、2年以上にわたって繰り返し対話を行った。それらを長時間煮込み、発酵させたのち、食べやすいサイズに切ってパリッと焼き上げたのが本書である。

この本を読むと、

- **料理は、どこから始めたらいいのか**
- **どうやったら、料理上手になれるのか**
- **レシピなしで料理ができる方法**
- **献立やレパートリー、味の完成度に悩まされない考え方**
- **買い物や皿洗いなど、面倒なプロセスとの向き合い方**

こういった疑問が解きほぐされていくと思う。以前のぼくが、喉から手が出るほど欲しかったノウハウ。ただし、それ以上の意味も、この本には詰め込んだつもりだ。

以前、勝手に頭の中で思い描いていた自炊の壁はこんな風だった。壁を見上げると、上部は暗い雲に覆われ、雷鳴も轟いている。一体どれほどの高さがあるのか、その全体像すら想像がつかなかった。

しかし思い込みや恐怖心が、壁を実際よりもはるかに高く分厚く見せてしまっていたらしい。料理を続けていくと、壁は次第に小さくなり、実は性格もフレンドリーであることがわかった。

今のぼくに見えるのは、ぼくの身長とちょうど同じくらいの自炊の壁だ。料理をすることが、完全に面倒でなくなるなんてことはない。それでもぼくは自炊の壁と肩を組み、ちょっかいを出し合ったりしながら、楽しく料理ができるようになっていった。

料理は、難しくなんてなかった。
勝手に難しくしていたのは、どうやらぼくたちのほうだったらしい。

もくじ

2章 レシピの壁

レシピを見ずに料理する&レシピを味方につける

3章 味の壁

味はそれなりでもいいじゃない！

4章 献立の壁

レパートリーはそんなに必要？

5章 キッチンの壁

料理したくなる環境作り

本書に登場する自炊民

佐々木典士（ささき・ふみお）

作家、編集者、ミニマリスト。ひとり暮らしを始めた際、お菓子作りを含めた、あらゆる料理に手を出すも挫折。その後、毎日同じものを食べる方法に行き着いたものの、誰かと共に生きていくために、料理に再入門することを決意。気を抜くと、包丁研ぎ道や、完璧なキッチン収納にハマりがちな性格。ホームご飯は卵かけご飯、さぬきうどん。

山口祐加（やまぐち・ゆか）

「自炊する人を増やすこと」をミッションに活動する、唯一無二の自炊料理家。忙しい母親からのお願いをきっかけに7歳から料理に親しむ。料理初心者や苦手な人向けの料理教室を開催し、今までに650人以上の悩める人に料理を教えてきた。2024年から1年、世界の自炊を調査する旅に出ている。ホームご飯は豚汁。

和田泰次郎（わだ・たいじろう）

本書の担当編集者。レシピ本編集者歴は15年以上。担当書籍は、トップシェフのイタリアンからお弁当、グルテンフリーのおやつ、パン、発酵まで多様。週5で自炊をするが、さすがにマンネリ気味らしい。本書では、たまにひっそりとコメントを残していく。4章「献立の壁」で、その驚くべき献立作りが明らかに……。ホームご飯はしらすおろし。

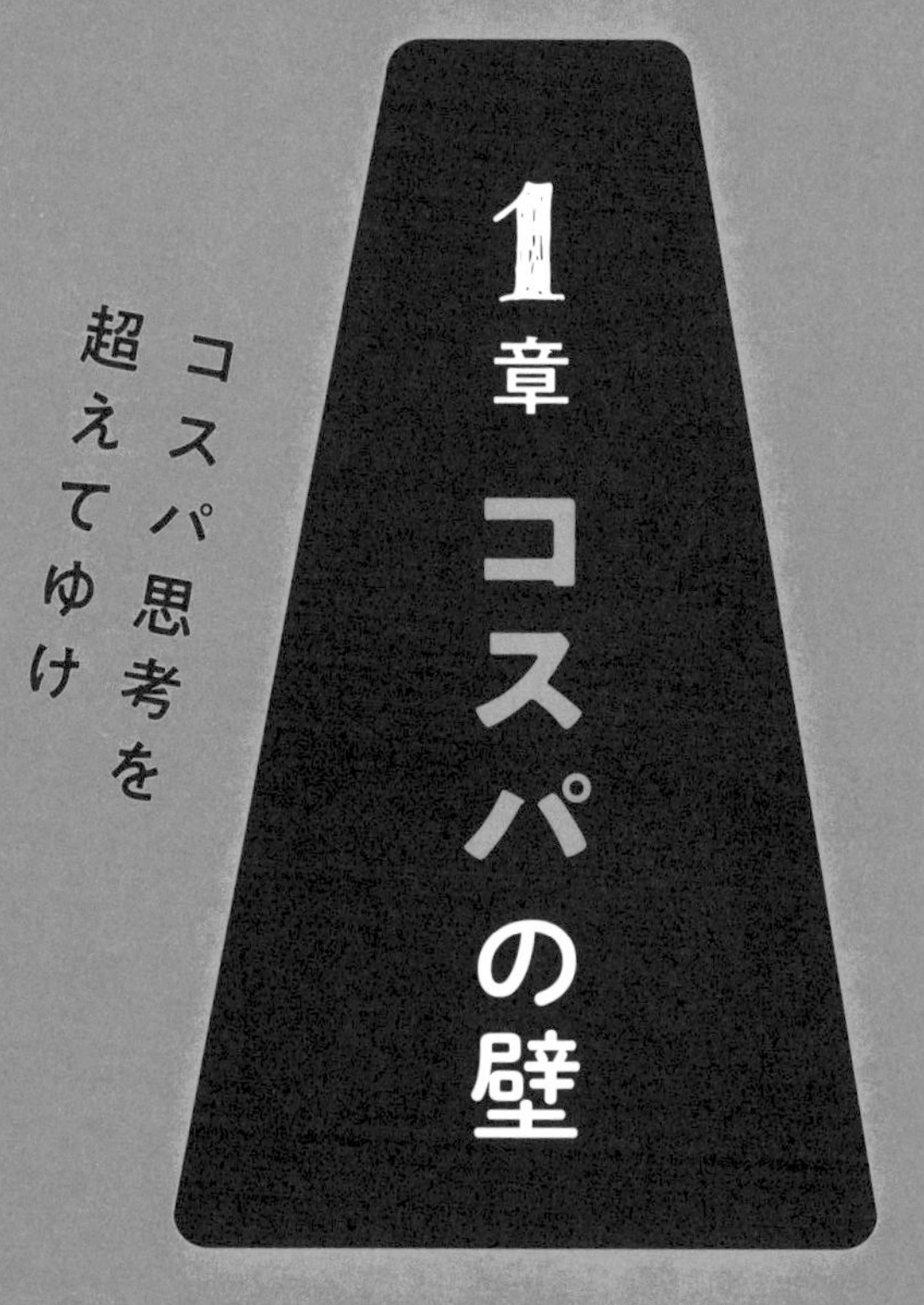

家でご飯を作るためには、買い物に行って料理して、
後片付けもしなくてはいけません。
外食や中食と比べると、コスパが悪い？
でも実は料理は、誰でも「すでにしてしまっている」ものでも
あります。そもそも料理とは何だったのか、
料理は人間にとって何を意味するのか？
歴史も振り返りつつ、コスパにとどまらない
自炊の意味を発見していきましょう。

料理はプロセスが多すぎる？

佐々木　今まで生きてきて、料理に向き合うのを後回しにしてきてしまいました。ぼくの部屋はものが少ないので、掃除機をかけるのも一瞬で終わるし、洗濯も乾燥までかけたら畳むのも数分で終わります。でも料理は調理だけではなく、買い物、下ごしらえ、皿洗いに至るまで本当にたくさんのプロセスがあります。だからどうしても難しく、複雑なものに見えてしまっていたんですよね。

山口　昔は、食材の種類も今ほど多くなかったし、洗い物だって、お茶碗にお湯を入れて拭うぐらいで、少なかったと思うんですよ。料理にまつわるプロセスが今ほど複雑ではなかったんだと思います。

佐々木 他の家事と比べると覚えることも多くて、**最も複雑な家事**であるのは間違いない。忙しければ、今までできなかったとしても仕方がない家事だという認識は、まずあってもいいのかもしれません。

山口 **今は自炊をする理由が、歴史上でも最も弱い時代**だとも思うんです。日本では外食が安いし、コンビニで買えるお惣菜もどんどん美味しくなっています。もはや「料理」という言葉に、確定申告ぐらい重たい響きがあるかもしれません。

佐々木 「料理とか……します?」と恐る恐る聞いたり。

山口 日本は現在、ひとり暮らしが世帯全体の約4割を占めているんですよね（令和2年国勢調査・世帯の状況／総務省統計局）。私だって自分ひとりのためには、手間がかかるオムライスは作りません。自分ひとりのためにオムライスを作れるのは、オムライスが本当に大好きな人ですよ。

佐々木 単身世帯も増えたし、家族を持ったとしても共働きの人が増えましたよね。

山口 私の料理教室の対象者は「料理が苦手な方、初心者」限定なのですが、参加者が料理が苦手だと感じたり、料理が嫌いになってしまった理由は本当にさまざまです。自分ひとりのためだけに料理を作るのが時間の無駄に感じる、食材が余って

佐々木　使い切れない、献立を考えるのが大変、切るのが遅くて嫌になるなど理由を挙げればキリがありません。でも総じていえば**「料理がめんどい」**のだと思います。何もわからない最初の状態は、本当に苦しいんですよね。ぼくだって、ついこの間まで、鶏のむね肉ともも肉がどう違うのかもよくわかってなかったし。スーパーへ行っても、必要な分量すらわからなかった。でも1か月、2か月と続けているとだんだんコツをつかんできて、自分が初心者を脱していると思えるようになりました。いざ入門すると、これは一生物の趣味を得たなと思うこともあります。外食しても、それがどんな風に味付けされているのか考えたり、料理をする人との話題も増えました。**プロセスが多いからこそ、語ることも尽きない**。

山口　人生楽しいですよね、料理ができると。食べることは毎日誰でもやっているわけだから、**日々の営みが全部インプットになる**。海外に行っても、市場を見たり、その国の基本調味料がなんだろうかとか考えたりして、楽しみが増えます。

佐々木　そう考えると、人生の一時期でも料理をやってみることは恩恵が大きくて、とても価値あることだと思います。対話を通じて、**複雑で難しくなりすぎた料理から、シンプルさや親しみやすさを取り戻す**ことができればと思います。

料理のプロセス多すぎ問題！

献立決め	レパートリー、ネットや本のレシピ、家族の好み、季節、健康面、予算などから検討
買い物	大型スーパーでまとめて買う／専門店で質や価格を比較して買う／ネットスーパーで注文する 常備食材、調味料、調理道具の補充など
しまう	肉を小分け保存、野菜を袋から出して洗う、パントリーの整理など
調理	料理ごとに順番を組み立てる 時間制限・締切が同時に重なるマルチタスク！
盛り付け・配膳	適切な分量と見栄えを考える
片付け・皿洗い	テーブルを拭く、食器を下げる、洗う、拭き上げ、食器棚への収納など
保存	残った食材を冷蔵・冷凍で保存する、賞味期限の確認、賞味期限が長い保存食品の定期的な消費など
ゴミ捨て	種類別に仕分け、ゴミ袋の交換など

ループ

料理は他の家事と比べても

プロセスが多く、かかる時間も長い！

2 資本主義に抗う自炊？

佐々木 なぜ料理が、こんなに敬遠されるようになったんでしょうね？

山口 大げさに言えば、自炊することは、資本主義の仕組みと戦っているようなところもあります。今は一分一秒でも時間が生まれたら、ついスマホを見たくなって、**コンテンツ産業に時間を奪われてしまう**。料理はそこから少し距離を置いて、自分に食べさせていく、**自分の命を生かしていく行為**ですね。

佐々木 資本主義の枠組みでは、すべての作業を分業したほうが効率的ですよね。岡本太郎は、絵画だけではなくて彫刻や建築や民族学など、なんでもやった人ですけど、その理由を「人間の職業分化に反対だからだ」って言ってたんですよ。

山口　「本職？　人間だ」ってやつですね。

佐々木　何かの仕事をするときに、作業が単調であるほど覚えやすく、誰でもできる。だからできるだけ作業を小さい単位に分けて、担当する仕事だけに集中したほうが、効率は高まるのかもしれない。高度成長期に、女性が家事を一手に担っていたときもそうだと思うんです。そのほうが料理の質も高まりやすかったはず。でも今は、単身世帯が増えて、共働きも多くなって料理を一手に担える人が少なくなってきた。だから、料理というものが家庭を超えて、さらに外部の専門的な人に集中的に任され始めている、ということかもしれません。効率だけ考えたら、野菜を育てる人、それを切る人、調理する人、食べる人の役割は、きっちり分かれていたほうがいいでしょうからね。

山口　人より機械が切ったほうが速いですからね。

佐々木　家庭の小さい鍋で作るよりも、給食センターがデカい鍋で作るほうが効率的だし、もっと大きな企業が工場でまとめて作ったほうがさらに効率的。でもそれは経済の論理で、人間が本来どうありたいかとはまったく別の問題ですね。自炊をするために必要なのは、岡本太郎のような考え方かもしれません。

山口　**食材を無駄にしてしまうという罪悪感**も、自炊を避ける理由として大きいですね。ひとり暮らしだと、どうしても大根とかキャベツとか、1回では使い切れなくて余っていく。でも毎日自炊できるわけじゃないから、ダメにしてしまったりする。学校給食でもそうですが、日本人は、食べ物を残しちゃいけない、無駄にしちゃいけないという意識をすごく強く持っていると思うんです。でもその罪悪感があると、なおさら自炊から離れてしまうかもしれないですね。

佐々木　確かに「自分はすぐに植物を枯らしてしまう」と思っていたら、新たな植物は買いづらい。でも無駄が出ないことだけを目的にすると、誰かに工場でまとめて管理してもらったほうがいい、ということになってしまうかもしれません。

山口　手間のかかるコロッケを1個だけ食べるために、じゃがいもや玉ねぎ、ひき肉、卵、パン粉を買って作るのは本当に労力に見合ってないと、私も思います。私は家に人が来ても、コロッケは面倒だから作りません。ハンバーグが限界(笑)。

佐々木　おでんの卵1個だけを作るんだったら、コンビニで買ったほうが確かにいいかもしれない(笑)。それでも**手間や面倒、コスパやタイパを超えるものが、自炊にはあるのではないか?**　ということを考えていければと思います。

3 自炊はコスパだけで語れない

佐々木　自炊が面倒と思う大きな理由のひとつは、**自炊もコスパの対象になってしまっている**からだと思います。ぼくも以前は、料理するのに30分かかるのに、食べるのは5分で、つい「30：5かぁ」とか計算してしまったり（笑）。

山口　それ、よく言われますよね。スポーツだと、練習時間と試合時間の割合なんて計算しないんですけど、なぜか料理だとしてしまう。

佐々木　労力と報酬が、わかりやすくイコールであってほしいという思いがぼくにもありました。苦労して作ったのに5分で食べ終わるから、SNSでシェアして「労力の供養」をしたり（笑）。

山口　でも、その削った労力分の時間で何をしてるのか考えたら、おそらくみんなスマホ見てるんじゃないですかね。私がそうですけど（笑）。

佐々木　自炊したら食費は節約することもできると思います。でも節約のためだけでも難しくて、定食屋さんで千円出すと、自宅で千円かけて作るよりも食材のバリエーションが多く、より美味しいこともあると思います。買い物に行ったり、後片付けしたりする時間を、つい時給換算してしまうこともあるでしょうね。

山口　自分で牛丼を作って食べるよりも、牛丼屋に行って食べたほうが安いし、洗い物もしなくてもいい。でもどうしても、それだけでは心がやせ細っていくような感覚があると思うんです。

佐々木　コスパ、タイパだけで考えると、本業で稼ぎ、他のものはお金を出して買うのがいちばん合理的ですよね。ぼくは家具も作るんですが、図面を考え、必要な材料を揃え、作りあげるのには時間がかかります。机ひとつ作るのに5日かかるとなると、ニトリで買ったほうが遥かに合理的。でも作る過程でスキルも得られて、今後家具は自分で作れると思えば、お金への依存度も減る。そのときの**「生きていける」という自信**が何物にも代えがたい。

山口 私が**「野生ポイント」**と呼んでいるのと同じですね。何かができるようになると野生ポイントが1ポイントアップ（笑）。作家の坂口恭平さんが言っている「貯作業」（作業を継続して貯める。貯めた作業の価値は変わらず、磨きがかかる）じゃないけれど、自分の経験値を貯めていくことも大切だと思います。

佐々木 買うことは、お金を出してプロセスを省くこと。プロセスがすっ飛ばされるので、経験値は貯まらないですからね。個人的には、料理に限らずただお金を出して買われたものにはあまり心が動かないんです。たとえばどんな豪邸を見せびらかされてもなんとも思わないんですけど、「これ自分で作ったよ」というセルフビルドの小屋には心底感心したり。

山口 本当に子育てで手一杯な人が、自分の時間もまったくなくて、ご飯をお惣菜で済ませたり外食をするのも、もちろんアリだと思うんですよ。それで自分を癒やしているわけですからね。

佐々木 「今のこの生活に、とても自炊が入る隙間がない」と思う人は、無理せずでいいと思います。**「無理だと思ったらやめるべき、面倒だと思ったら続けるべき」**という名言がありますが、自炊においても当てはまるかもしれません。

4 料理というセーフティネット

佐々木　料理は、いちばん大切なはずの身体と健康を作るスキル。でもなぜか、そこまで熱心に学ばれようとしていない気がします。仕事の役に立ちそうなもの、英会話や今でいえばAIなんかのほうが話題になりがちだし、自分も重要視してきたように思います。でもふと立ち止まって考えると、料理のほうが全然優先度が高いんじゃないかと思ったり。

山口　私も本当にそう思います。まず「生きようよ」と思うんです。仕事も大事だけど、まずは自分が健康でないと仕事もできないですからね。食事を作ることは、呼吸したり歩いたりするのと同じレベルで、ベースにあるものなのに。

佐々木　食事と健康の因果関係がわかりづらいのもあるかもしれないですね。ジャンクフードを食べたらすぐに病気になるわけでもないし。「それなりに味に満足できて、お腹が満たされればいい」と思われている節がありそうです。

山口　**自炊のスキルがあれば、世界中どこに行っても料理ができちゃう**ことがすごいなと思うんですよ。塩が売っていない国はないですからね。私の年収が半分になり、今まで買えていた豚バラは買えず、買えるのは豚こまだけ、という状態になったとしても、その中で工夫すればいいやと思えますし。

佐々木　どうしても教育にお金がかかる子どもと違って、大人になってしまえば雨露凌げる家があって、食べ物があったら生きていける。「食材は世界にたくさんあるし、それを適当に作れば食べていける」。料理を覚えると、コスパを超えてそんな安心感を与えてくれますね。

山口　コロナ禍では、外食しようにもレストランが閉まっていた時期もあって、自炊力が試されましたよね。日本では災害も多いし、避難しなきゃいけないときにも役立つはず。**自分のためにも誰かのためにも、セーフティネットの役割を果たせる**のが、料理というスキルだと思います。

結果でなく、プロセスを愛すること

佐々木　山口さんは、食材を「焼く」こと自体が楽しいって言われてますね。

山口　心に余裕があれば、ずーっと見てますね。にんにくが色づいて焦げていくのを見つめ続けて「いい音だな」「いい香りだな」といつも思ってます。野菜をゆでるのもそうで、ブロッコリーをゆでる前は色がくすんでいるけど、ゆでた後は鮮やかな緑色に変わって。「ゆでるってすごい！」みたいな。

佐々木　四季が巡ったり、つぼみが開くのを見るのと同じような楽しみなのかも。

山口　工程でいちいち満足してるんで、**完成したものにはむしろこだわりがない**んですよね。作っている最中がいちばん美味しそうって思ったりします。そしてその

佐々木　プロセスを見られるのは、料理している人間の特権なんですよね。

山口　プロセスに価値を感じられると、**「作るのに30分かかるのに、5分で食べ終わる問題」の処方箋になる**でしょうね。その30分自体に喜びがあると思うと。

佐々木　作って楽しいし、食べて美味しい。

ぼくも掃除や洗濯が好きになれたのは、ただ清潔さという結果が好きなだけじゃなくて、そのプロセス自体が好きになれたからだと思います。洗濯物を干すときに外の空気を吸うのも、風景を見るのも楽しい。料理も食材を切ると、包丁とまな板が当たるトントンという音が心地よいとか、包丁が食材に入り込んでいく感触が心地よいとか、**五感を使っていて、マインドフルネス的**ですよね。現代人はともすると頭だけで考えたり、言語偏重で手や身体を動かしてないことも多いし。

山口　ずっと画面の前にいますもんね。

佐々木　山口さんは、料理は一気に完成形まで持っていかなくても、途切れ途切れでもいいと言っていましたね。「キャベツを、使いやすい適当な形にちぎっておくだけ」でもいいと。それを聞いてから自分も家にいるときは、仕事の気分転換で台所に立ったりします。ちょっとした運動みたいな。

山口　本当に運動！　出汁だけ取っておこうとか、お肉に下味を付けておこうとか。たった5分、10分の作業だけど、それによって自分の空気が変わるんですよね。

佐々木　山口さんが今まで出版された本で伝えてきたことは、**何かを切ったり、火を使ったりする行為は、本来誰がやっても楽しいもの**のはず。その楽しさを大人になったからといって、完成度の壁に阻まれてやめなくてもいいんじゃないかということですね。

山口　子どもが描いたよくわからない絵に、親は愛おしさを感じますよね。それと同じことを料理において、自分自身に当てはめてあげたらいいと思います。

佐々木　模写するんじゃなくてクレヨンで、野生の本能のままに塗りたくって。

山口　でも小学生ぐらいになると「これを描きましょう」という話になってくる。それが掲示されて、「〇〇君はうまいね」とか誰かと比較されるようになる。それで私は絵が嫌いになりました（笑）。歌もそうだと思います。

佐々木　下手だろうがなんだろうが、歌を歌うこと自体はみんな好きなんですよね。料理においても、完成形の評価だけでなく、切ったり、焼いたり、ゆでたりする行為自体が楽しいと思えると、コスパにも立ち向かいやすいかもしれません。

コスパだけで語れない自炊の魅力

わびしさがなく、達成感がある

自分にカスタムされた
味が作れる

健康を管理できる

セーフティネット
になる

生きていくうえで
自信がつく

あらゆる食にまつわるコンテンツが自分ごとになる

食材に触れて
自然を感じられる

五感を使った作業は
マインドフルネス

料理はエクササイズ。気分転換になる

料理は人間そのものを形作ってきた

佐々木　そもそも「料理」とはなんであるのか？　定義のようなものを深掘りしておくと、料理をよりシンプルに捉えられて、取り組みやすくなるような気がします。

山口　マイケル・ポーランの『人間は料理をする』（NTT出版）という本は、料理と人間の進化の関係をいろいろな説で描いてます。まず人間がどうやって火の効能を見つけたかというと、火事で丸焦げになった動物を食べて美味しいと思ったのが始まりではないかとか。最初は暗闇を照らせるとか、暖を取れるという理由で火を使い始めたのかもしれない。でも誰かが、火でタンパク質を加熱すると柔らかくなることに気づいて、そこから火を料理に使い始めたのではないかとか。

佐々木 そういう原初の話は、とっても面白いですね。

山口 **火を通すことは、身体の外部で食べ物を消化しやすいものにする**ってことですよね。一方で、他の動物は咀嚼（そしゃく）や消化にすごく時間を使わないといけない。起きている時間のほとんどを咀嚼に使う動物もいるんですよね。

佐々木 パンダは1日に14時間も笹を食べているとか。草食動物も眺めていると、ずっーと反芻（はんすう）してますよね。

山口 咀嚼に使う時間が長いから、ゴリラやパンダは顎がとてもしっかりしてたり、他の動物も歯や牙がとても強かったりする。人間は口や内臓の仕事を部分的に外部化できたので、消化に使う時間もエネルギーも減った。**料理することで余ったエネルギーで文明を作れた**のではないかと言われています。

佐々木 塩をなめるのは草食動物もするけれど、食材にわざわざ塩をかける動物はいない。オーストラリアの猛禽類は、火を使って獲物をおびき出して狩りをするそうですが、料理に使うわけではない。**料理は面倒でエネルギーを使うものじゃなく、むしろその節約**だった。料理は人間特有の行動といってもよく、人間の文化を作るベースになったと考えると、その役割は大きいですね。

料理は「食べにくいものを食べやすくする」こと

山口　私は、料理の最もベースにあるのは、火を使うことのように**「食べにくいものを食べやすくする行為」**だと思います。

佐々木　じゃがいもや、かぼちゃは生で食べようと思わなくて、火を通して柔らかくする。古代人も牡蠣や肉を生で食べていたかもしれませんが、火を通して除菌することで、安心して食べられるようになったでしょうし。

山口　人間が火を使い始めた時期には諸説あるみたいです。79万年前のイスラエルの遺跡であるとか、150万年前のケニアの遺跡で見つかったとか。50万年前の北京原人の遺跡には数メートル単位で灰の層があって、長期間火を使用していた形跡があるとか。

佐々木　ホモサピエンスの歴史は20万年ぐらいだと思いますが、少なくともそれより長く火を使ってきた歴史があるんですね。

山口　古代のアマゾン川の流域ではキャッサバが主食だったのですが、それは火を通して食べられるようになったという理由が大きいみたいです。キャッサバは青酸を含んでいるから火を通さないと毒がある。生だと食べられないからこそ、他の動物に奪われる心配もなかったそうです。

佐々木　そう考えると、他の動物もする行為は、料理からは少し離れるのかもしれないですね。ともすれば料理は複雑に見えますが、「食べにくいものを食べやすくする」という定義はわかりやすいですね。

山口　料理教室をしていてよく「どうやって切ったらいいんですか?」って言われることもあるんですけど、**「人の口の横幅は大体3〜4センチなので、そこに入る大きさに切ればいいんですよ」**って言います。

佐々木　シンプルでわかりやすい(笑)。火の入れ方や切り方にはさまざまある。でも、最もベースにあるものを踏まえれば少なくとも料理は成立すると思うと気が楽です。

美味しさは、身体が自然に求めているもの

佐々木 料理をせずにそのまま美味しく食べられるものはフルーツとかですかね？

山口 あとは一部のナッツぐらいですかね。

佐々木 どうして人間だけが、こんなに食べ物に味付けをするんでしょうね？

山口 それは味が、人間にとって必要不可欠な栄養素のサインになっているからだと思います。たとえば塩分に関していうと、**人間が美味しいと感じる塩分は大体1%程度で、血液とほぼ同じ塩分濃度**なんですよね。

佐々木 トマトをそのままかじっても美味しいけれど、塩をかけたくなる。それは血液のように必須なものの維持を身体が求めているということですね。指3本でひとつまみした塩が大体1グラム。**食材が100グラムなら塩ひとつまみ、200グラムなら2回つまんでかければ、一応料理らしい味になる。**そう思えてからは味付けが楽にできるようになりました。うま味を美味しいと感じるのも、うま味の元になるタンパク質が、身体を作るのに必要不可欠だからでしょうね。

山口　塩もタンパク質も糖も油も全部人間の身体に必要なものだから、そういうものを美味しいと感じるように私たちはできている。イルカとか鳥とか、魚を丸呑みするような生き物は、何を頼りに食べているんだろうと思うことがありますね。水族館でペンギンに与えていたアジがコロナ禍であげられなくなって、サバを与えてみたら食べなかったという話があります。咀嚼して味わっていなくても、動物もにおいで身体に必要かどうか判断しているのかもしれないですね。

佐々木　確かに、動物は食べる前によくにおいを嗅いでいますよね。喉など、舌以外に味覚がある生き物も多いみたいです。本能に訴えかけるような味がある一方で、主食である米や小麦は、生の状態では見た目や香りに惹かれるわけでもなく、料理をしないと食べにくいもので。なんだか面白いですね、人間だけがこんなに頑張って料理をしていて。

料理の法則

「塩分１％」が美味しい

塩分 1〜1.2％

普段のおかず

血液の塩分濃度と同じ！

例）チキンステーキ、肉野菜炒め

ご飯のおかずになるような料理は、
塩分１％を付けるのが基本

塩分 0.8％

飲み干せる汁物

例）味噌汁、かき玉汁

そのまま飲み干してしまうような汁物は、塩分が少し薄め

塩分 1.5％

弁当や常備菜

例）きんぴらごぼう、
豚のしょうが焼き

保存を利かせるためにも、お弁当のおかずや常備菜は塩味強めに

塩分 2％

浅漬け

例）きゅうりの浅漬け、
肉そぼろ

少量でご飯をたくさん食べるような漬物やおかずは、塩分が強め

どこからが料理と呼べますか？

山口　何をもって料理とするかは、人や文化によって変わるという前提はあります。たとえばフードライターの白央篤司（はくおうあつし）さんは、コンビニでお惣菜を買うことから自炊を始めてもいいと言います（『自炊力』光文社新書）。たくさんのお惣菜から、栄養を考えて選ぶ行為は献立を立てるようで、自炊力を高められるからと。

佐々木　なるほど、その視点はなかったです。

山口　私は、先ほどの「食べにくいものを食べられるようにする」ことに加えて、**「食材をより美味しく食べようとする」行為も料理**ではないかと思います。だからカップラーメンのお湯の量を変えて塩加減を調整したり、時間を3分より短くしたり長くしたりして、麺のかたさを自分の好みにする。**カップラーメンをカスタマイズして作ることも、少なくとも「料理的」な行為**だと思います。

佐々木 たとえば、ミニトマトをただ皿に置いたものは料理と呼べますかね？

山口 ミニトマトを直接テーブルに置いたら料理とは呼べないかもしれないけど、お皿にのせると一気に料理らしくなりますね。

佐々木 料理が「食材をより美味しく食べようとする」行為だとすると、ミニトマトをパックのまま出すのではなく、緑のお皿にのせて色が映えるようにするとか、見た目を意識するだけでも、かなり料理っぽいですね。

山口 それに塩をかけたら、完全な料理ですし。

佐々木 魚釣りをして、そのままガブッとかじったとしたらどうでしょうか？

山口 食材を小さいサイズにすることは、料理の大切なプロセスだと思うんです。きゅうりを手でバリッと割ったとしても、料理に近いかもしれない。

佐々木 でも貝を割ったり、果物の皮をむいたりするのは動物もしますもんね。

山口 そのままかじるのは動物の咀嚼と同じような行為だし、他の動物もしていることは、料理とは少し違うかもしれませんね。

10 お前はもう……料理している！

山口　私は、ゆで卵に塩をかけるのも、きゅうりに味噌をつけるのも立派な料理だと思っています。料理に抵抗やハードルを感じている人は、塩をかけたり、**毎日なにげなくしている行為を料理だとみなしていない**ことが多いんです。「料理」というと急に壁がドンとできてしまって、極めないといけないもののように思われていて。

佐々木　大変な思いをしてようやく到達できるのが「料理」というイメージがあります。

山口　バーベキューで野菜を切る、サラダにドレッシングをかける、みたいなものも含めると、ほとんどの人は何かしらの料理をやった経験があると思うんです。だから私は**「お前はもう……料理している！」**と思うんですけどね。

佐々木　(笑)。**始める必要すらなくて、もうすでに始めてしまっているもの**だと思えばハードルも下がりますね。料理をしない男性でもコーヒーを淹れるのにハマったり、豆にこだわったりする人は多いですし。

山口　コーヒーを淹れるのは、出汁を取る過程とまったく同じですからね。かつお節をコーヒーフィルターに入れてお湯を注いだら、出汁が取れますから(笑)。やっぱり料理というものが、高尚で崇高なものだと思われているんじゃないかと思います。でも料理がめちゃくちゃ難しいものだったら、人間がこんなに繁栄していないと思うんですよね。本当は誰でもそれなりにできるようなもの。

佐々木　今までのお話をまとめると、だいぶ料理のハードルが下がったように思います。料理は食べにくいものを食べやすくする行為。素材は口に入る大きさに切る。生で食べられないものは、ゆでたり焼いたりして火を通す。それに何かしらの調味料で大体1％の塩分を付ける。方法は山程あるけれど、いちばん底にあるものはシンプル。そして**料理には「切る」「加熱」「味付け」という工程しかない**。どれだけ複雑そうに見える料理でも、その組み合わせですもんね。

11

自炊は君に、翼をさずける

山口　私は、料理って難しいものでも堅苦しいものでもなくて「なんて自由なんだろう」って思うんです。たとえばメイクやファッションは外出して見せるものだから、どうしても批判の目にさらされる。イケメンなのに服がダサいとか、もっさりしてるからメイクぐらい頑張りなさい、とか（笑）。でも**家で食べる料理は、誰も見ていないので、本当は自由**。女子大生が渋いおつまみ作っても、おじさんが家でカラフルなマカロン作ってても、外の世界の誰からも止められないし。

佐々木　家から一歩外の社会に出ると、きちんとしたやり方に沿って物事を進めなくてはいけない。仕事もそうだし、やってはいけないことが山程ある。料理が同じように複雑で堅苦しいものだと思うと、やる気がなくなりますね。ぼくが以前、料理の複雑さから逃れようとして行き着いたのは、毎日同じものを作り続けることでした。買う物も毎回同じだから楽。でも自分がもっと料理ができれば、料理ができない人をサポートできるし、得意な人にも負担をかけすぎない。それが個人的なテーマになったんです。そのほうが自由が増す気がして。

山口　人間が2人いたら、どっちかができたらいいし、どっちもできたらすごくいい。料理ができるパートナーがいても、妊娠して身体がしんどいとか、手を怪我してしばらく作れなかったり、いろんな状況が生まれますからね。

佐々木　さまざまなメディアで料理の情報に触れていると、すでに美味しいレシピは世の中にたくさん存在しているから「君なんかができることはない」「このレシピをそのままなぞっておきなさい」って言われてる気がするんですよね。でも本当は、料理は**気分次第で自由に創造できるもの**。

山口　今日の気分に合わせて、自分が食べたいものを作れたときは本当に気持ちがいいんですよね。**「この気持ちよさを、いつでも自分の手で作り出せるんだ」**と思うと、なんだか大丈夫って思えるんです。

12 私の私による私のための料理

山口　料理できると、確かに誰かを喜ばせたり、サポートすることができます。でも私は、誰かに「これを食べさせたい」というよりも**自分が食べたいものを作っているだけ**なんですよね。もし相手もそれが好きだったらどうぞ、ぐらいで。

佐々木　確かに、山口さんの買い物に同行させてもらいましたが、パートナーがこれが好きだから、って食材を選んでいる感じは全然しなかったですね（笑）。

山口　全然ないです（笑）。もちろん苦手なものは出さないですけど。たとえば、どこかの奥さんが夫の大好きなハンバーグを作るとしますよね。でも夫はお昼にハンバーグを食べちゃってることもあるでしょう。そうなったら「こんなに頑張って作ったのに！」って思っちゃう。でも夫もどうしてあげることもできない。だから、作る人が、自分が食べたいものを作るのが健全だと思います。

佐々木 自分が食べる料理は、各人が作ればいいという考え方もありますね。

山口 究極的にはそう思います。昔ながらの料理研究家の方は「家族のために料理を作ると料理上手になりますよ」って説いてきたんですよね。今でも家族のために料理を作るのは大きなモチベーションになると思いますが、自分のために作る料理にだって、もちろん上達の道はありますよと言いたい。自分のための料理は、大きく自分を支えてくれるケアにもなりますから。

佐々木 ぼくも確かに、ひとりだと卵かけご飯で充分だと思っちゃう。でも「自分をいちばん大切な人間のように扱う」ことがセルフケアの基本だと思います。

山口 私はたまたま結婚して2人で生活してますけど、人との出会いは自分でコントロールできるものじゃない。もし私がシングルだったら「人のために料理を作るのは幸せなことですよ」と言われても「そんな正論言われても困るんですけど！」って絶対言い返していると思うんです（笑）。**「私の私による私のための美味しいご飯」**という発信はあまりないので、私はそれを推していきたいと思います。

13 自炊は「自分の帰る場所」を作ること

山口　私は東京生まれ東京育ちで。近所に親戚もいないし、実家が自分のホームだという感覚があまりないんです。海の近くで育った人にとっての海みたいな、そこにいるだけで落ち着ける場所がないというか。私はよく、人にこういう質問をします。「一生外食と一生自炊どっちがいい?」って。私は一生自炊を選ぶ。その理由は、体調を自分で管理したい、安心して食べられるものを食べたい、食を自分の目が届くものにしておきたいということ。それこそが、私が安心できる場所。私にとって、自炊をしないことは、安心できる家がないみたいな感覚なんです。

佐々木　**食においても、地元やホームがない状況ってありうる**ということですね。ひとり暮らしで、ずっとUber Eatsとかチェーン店の外食で、平気な人もいると思うけれど、根無し草というか、落ち着かない感じはあるかもしれませんね。

山口　**常に外食だと、なんか毎日お母さんが違うみたいな感覚**というか、私はこわごわ食べるんですよね。口に合うかなとか、食べ切れるかなとか、本当に美味しいかなとか、そういうことを考えながら食べなきゃいけないから。

佐々木　外食は緊張状態で食べますよね。「会食恐怖症」という言葉もあるぐらいで。

山口　人前で食べるのが恥ずかしいのもあると思うし、混んでる店だと早く食べなきゃいけなかったりして、よく味わえなかったり。

佐々木　ひさびさに外食すると、知らない人の敷地にズカズカ入っていって、知らない人が作ったご飯を話もせず食べるのは、結構特殊な行為だと感じたりはします。

山口　自分で作ると、レストランのように特別美味しいわけではない。でも自分で自分の健康管理ができるし、明日もこの味が食べられるという安心感が確保できる。

佐々木　自分で作るようになると、プロのすごさもより実感できるし。

山口　私にとって**自分の料理は、帰ってきたら間違いなくくつろげる場所**。それが、私が「自炊は自分の帰る場所を作ること」と言っている意味ですね。

14 ぼくたちが、自炊をする理由

佐々木　誰にでも当てはまる自炊のメリットってありますよね。節約になり、健康にも良いみたいな。そういうメリットも大事だし、紹介もしてきたのですが、ふと**メリットとデメリットの比較結果だけで、人を説得するのは難しい**んじゃないかと思ったりもして。たとえば今は、食材の値段が上がっているから、自炊＝節約とは必ずしも言えない日がやってくるかもしれませんし。

山口　宅配とか大戸屋の弁当のほうが、栄養的にも優れているみたいなことも起こりうるでしょうからね。

佐々木　そういうメリットが失われたときに、じゃあぼくたちが自炊をやめるのかといったら、そうではないとも思うんです。ただ好きだから、楽しいからやってる、みたいな合理的な理由がないものは強いなって思ったり。**料理に惹かれる、もっとパーソナルなポイントがそれぞれある**気がして。たとえばぼくは、新しいことをするのが好きなんです。だから初めて揚げ物をしたり、春巻きを巻いたりするのが嬉しい。一生かかっても終わらないほど未体験のことが料理にはあるし、できることが増えていく感覚も好き。食は美味しさを作る科学とか、これまで見てきたような食と人間の歴史とか、深掘りできる話題が山程あって好奇心も追求できる。料理する人と、できる会話が増えたのも嬉しかったですね。

山口　料理はインターナショナルな言語ですよね。私は２０２４年に１年間海外へ家庭料理を学びに行ったのですが、メキシコやペルーでラーメンを作ったり、他にも餃子やチャーハンを振る舞ったりしました。自分の技術で人が喜んでくれるのは嬉しい。個人的な理由としては、私は「偶然」が好きなんです。街で偶然友達に会ったりすることが好き。自炊をすると、偶然とたくさん出会えるんです。スーパーで食べたい魚が安くなってたとか、見切り品との出会いだってそうだし。

佐々木　確かに、偶然の出会いはたくさんありますね。毎日食材と出会って。

山口　「こうしたら美味しくできるかも」と想像して作った料理が、自分の想像を超えるときも好きですね。料理が自分の腕を超えていくとき、自分で作り出したという以上のものを感じます。組み合わせとか、調理法の妙で、私はただ様子を見てちょうどいいところで止めただけ。なのに、「こんなに美味しくていいんですか⁉」という瞬間がある。そういう驚きがあるから、私は料理をしているのかもしれないです。

佐々木　でも「自炊すると驚きを感じられる」とか、ほとんど言及されることがないんだと思うんですよね。その驚きは、たぶん個人的な発見に近いから。

山口　料理はプロセスが確かに多いです。それだけに、**好きになるためのフックになるポイントも多い**んですよね。トマトがとにかく好きという人は、トマトをいろんな方法で美味しく食べるところから始めてもいい。器への興味から入って、どんな料理をのせようかと考える人がいたっていいし。

佐々木　**メリットとデメリットの比較結果でも、手段でも目的でもないような、もっとパーソナルなもの**。料理と自分の資質が出会ったときの化学反応みたいなもののほうが、より自炊を後押ししてくれるのかもしれません。

料理に惹かれるパーソナルな理由

料理の「好き」なポイントは？

佐々木典士の場合

創造が楽しい。**未体験**のことをするのが好き。**新しいことができるようになる**感覚も好き。料理は語る内容が多岐にわたっているので、**好奇心**も満たせる

山口祐加の場合

食材との出会いなど**「偶然」**が好き。自分の想像や腕を料理が超えていくときの**「驚き」**も好き。自分のスキルで**人が喜んでくれる**のも嬉しい

メリット・デメリットの比較結果ではなく、
自炊を手段にも目的にもしない、
料理が刺さる個人的なポイントを探そう！

1章　コスパの壁　まとめ

- 料理は以前、もっとシンプルで簡単な家事だった
- 料理はプロセスも多いが、それだけに語ることも多い家事
- 効率だけを求めると、自炊せずにすべて分業するのが正解。しかし、効率化と人間がどうありたいかは別問題である
- 自炊はセーフティネットになったり、生きる自信を得られたり、行為自体の中に喜びもあり、コスパだけでは語れないものである
- そもそも料理は、エネルギーの消費ではなく、むしろその節約。料理をすることで、人間は文明を形作ることができた
- 料理の定義は、「食べにくいものを、食べやすくすること」。そして「食材をより美味しく食べようとする」行為である

- どのように複雑に見える料理でも、切る／加熱する／味付けをする／という3つの工程しかない

- 「口に入る大きさに食材を切る」「何らかの方法で加熱する」「約1％の塩分を付ける」という条件を満たせば料理になる

- 実は料理は、誰でも毎日やっている

- 料理は、人を自由にしてくれるもの。生き方の自由も増すかもしれない

- 自分をケアするために作る料理にも、価値がある

- 自炊して作った味は、安心できる「ホーム」になりうる

- 個人の資質と料理の化学反応のようなパーソナルなものが、自炊をコスパから解き放つ鍵かもしれない

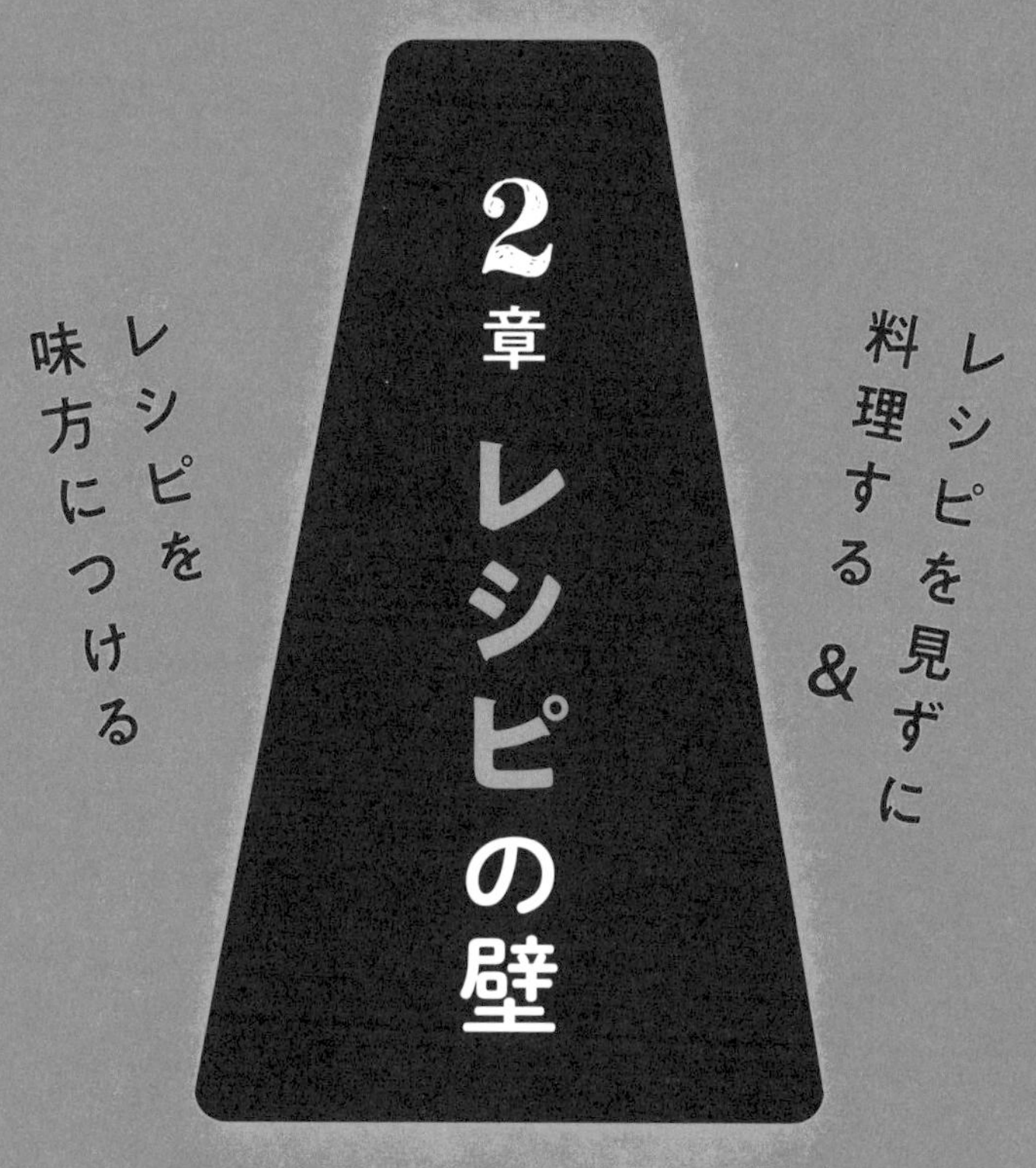

何か料理を作ろうと思うと、
膨大なレシピがヒットして迷ってしまいます。
レシピに沿って作ることには問題点もあります。
料理＝レシピをなぞることという誤解を解き、
レシピから離れて料理ができるようになる道筋も考えます。
レシピはもちろん、悪者ではありません。
レシピをうまく自炊力に変えていく方法も
見ていきましょう。

15

料理とメイクの共通点とは？

山口　私は化粧がずっとめんどくさいと思ってたんです。でも女性だし、人と会うときに失礼がないよう「やらなきゃいけないもの」って思って渋々やっていて。自分の化粧が変だなっていうことには薄々気づいてたんですけど（笑）。30歳を超えたし、そろそろちゃんと化粧をやってみようと決めました。それで百貨店の化粧品売場で、販売員さんに「何もわかりません」って言って、半笑いで対応されながら一から学んで。家で言われた通りにやったら、昨日やってもらったのと同じような顔になって。「あ、お化粧するってこういうことなんだ！」と思えて、すごく自信になったんです。毎日10分間「やらなきゃいけないこと」が「やってみてもいいかも」に変わったことで、朝の時間がグッと楽しくなりました。

佐々木 料理も化粧も毎日するものですもんね。今はその教えてもらったメイクの方法を再現して守っている、という状態なんですか？

山口 自分なりにこうしたらいいかなと思うことは、日常的にアレンジを加えています。ファンデーションというアイテムも、味噌がひとつじゃないのと同じようにたくさんあるんですよ。

佐々木 ファンデーションと味噌（笑）。

山口 各メーカーから本当にたくさん化粧品が出ていて、どれが割安か割高なのかもわからないし、そもそも自分が乾燥肌なのか脂性肌なのかもわかっていなかったし。素人には難しいことばかりで、完全に迷子になっていたんです。

佐々木 日本の女性は、あんな複雑そうなことをなんとか勉強して、みんなよくやっているなと思いますね。

山口 本当に「どうやって学んだの？」ってみんなに聞いてまわりたいですよ！

佐々木 料理とメイクに共通点があるのは面白いですね。どちらも毎日するもの。なのに、それが**うまくなるための道のりは明確に共有されていない**。みんな苦労して、七転八倒しながら、なんとかかんとか身につけていっているところも同じかもしれないですね。

山口　車の免許は、取るための科目や教習が決まっているし、受験もテストに出題される傾向はある程度予測できる。でも料理はそうじゃないんですよね。

佐々木　ぼくがミニマリストのことを伝えるときにも、「ものの手放し方」は学校でも習わないし、親から教えてもらうものでもないから、みんな下手なのは当たり前、という話をよくしていました。家事はそういうものですよね。たとえば、ふきんの使い方ひとつとっても、各家庭によってバラバラで正解がない。

山口　一本の正しい道が示されていなくて、みんなが野良的に学んでいる、というのは面白いなとは思います。ただ、料理を一から学ぶ方法として、**レシピを見て作るのはいちばん目立つ道だけど、実はリスクも高い**と思うんですよ。料理本のコーナーを見ても、本当に料理ができない人に向けたものは少ないと感じます。料理好きによる、料理が好きな人のための本がたくさんあって。

佐々木　2章では、料理を学ぶ新たなスタンダードを提示していきたいと思います。少なくとも、これからの議論の叩き台にはなるようなものを。

16 料理＝レシピをなぞる、という思い込み

山口 料理教室で教えていると、みなさん「レシピを見て、調理をすること」が料理だと思ってるんですよね。でも本当は**その辺にあるものを切って、適当に焼くか煮るかして、塩やしょうゆをかけただけでも立派な料理**なんです。

佐々木 とてもよくわかります。ぼくは自分のことを「料理ができる」と大きな声で言えなかった。それはレシピを見れば美味しく作れるけれど、毎回レシピを見て、そこに書いてある通りの食材を揃えて、決められた手順をこなしているだけなので「自分でそれを作った」という感覚がなかったからですね。決まった手順がすでにあって、それを守ること、なぞることが料理というような。

山口　料理を学ぶ方法として、レシピばかりが注目を集めがちです。でも別の方法もあって、入口がそこだけではないし、レシピは強制されているものでもないということが、私が伝えたいことですね。

佐々木　ぼくが以前考えていた「料理上手への道」はこうです。レシピを見ながら何度も何度も作るとそのレシピを記憶できる。そうして、いつかレシピを見ないでも再現できるようになる。無意識のように記憶しているから、素材を見るだけで料理法がいくつも思い浮かんでくる。料理上手の頭の中というのは、そういう状態になっているのではないかと、ずっと思っていました。

山口　私も自分のレシピ本を見返すこともありますし、**正確に記憶しているレシピというのは「ない」と言ってもいい**ぐらいなんです。料理とレシピの関係性は、車の運転とカーナビの関係によくたとえます。カーナビを設定すると目的地までの正しい道のりを示してくれる。でも示された道1本だけが正解ではない。方向だけイメージできれば、最短距離ではないかもしれないし、回り道もしてしまうかもしれないけど、たどり着くことはできるんですよね。

佐々木　ぼくも方向音痴でよくカーナビを使います。でもいつもカーナビを使っていたら何度同じ道を行っても覚えられなくて、またカーナビに頼ることになる。初めて目的地に行くときにカーナビを見たくなるのと同様、まったく未知の料理を初めて作るときに、レシピを見るのは悪いことではないと思います。ただずっと**レシピをガン見し続けていると、料理が身につきづらいこともある**。レシピは自転車の補助輪のように考えるのがいいのではないかと思いました。最初はお世話になる必要もあるし、その状態が心地よければ付けたままでもいい。でもいつかは自由に外すこともできるもの。

山口　料理も、車の運転も、身体に染み込ませることが大事なんですよね。私が昔よく車をぶつけてたのは、助手席側の距離感がわかっていなかったからなんですけど、その距離感を身体に染み込ませなきゃいけない。レシピを見なくても覚えていることもあるのに、体感して覚えたことを自分で信じ切れないこともあると思うんです。自分の力を過小評価していると、レシピから離れられないんですよね。

佐々木　レシピに頼れば、その場その場は乗り切れる。だけど以前のぼくと同じように、「素の自分は料理ができない」、もしくは「作った料理が自分のものではない」と感じている人はとても多いんじゃないかと思います。

レシピに沿って作るのは労働!?

佐々木　レシピを見て料理をするのは、マニュアルを渡されて「この通りにやってくださいね！」と言われている感じがするんですよね。

山口　それはレシピを作ることを仕事にしている身として、毎回悩むところです。レシピが短いと言葉足らずになるし、長いと読んでもらえない。いずれにしてもマニュアル感が否めない。

佐々木　レシピに書かれている食材を全部きちんと用意するのは、誰かにお使いを頼まれているように感じることもあります。そして、調味料をきちんと量って、指示された時間通りに火を入れて。「3分たったら、油からポテトをあげるんだよ」みたいな指示は、ファストフードでバイトをしてたらきちんと守らなくてはいけないはず。レシピ通りに料理を作るというのは、そういったチェーン店で働いている感覚に近いこともあるでしょうね。**料理しているというより、労働している。**

山口　本当にそうなんです！　そうして料理を作ると、創作の余白がないように感じてしまいます。食べさせなきゃいけない人がいて、料理を作り終えなきゃいけない時間も決まっていて、失敗も許されない……。ほぼ労働に近いじゃないですか！　しかも、お金がもらえない労働となると、誰でも嫌になるのが当たり前だと思うんですよ。

佐々木　家事がシャドウ・ワークであるとか、無給労働であるとか、そういう話によくなりますけど、料理が労働に近いものなら、担当したくなくなるのも当然かもしれないですね。「どうして私だけ、決まった食材を買いに行かされて、分量をちまちま量らされなきゃいけないの？」って。もちろん「きちんとレシピを見て料理を作る」ことがその人のスタイルとして確立しているなら、誰かに咎められるべきものではない。でも自分が料理のどこにつまずいていたんだろうと思い返すと、やっぱりレシピとにらめっこしながら作るのが、苦痛だったんですよね。料理というのは、山口さんも言うようにそもそも他人軸が多いですよね。食材は自分で作っていない、賞味期限があるからそれを優先して使わなきゃいけない、食べる人の好みがあるから合わせなきゃいけない。それで作り方まで指示されるとなると、「自分」が関わる余地はどこにあるの？　と思ったりします。

山口　料理を始める動機も、節約のため、ダイエットのため、子どもができた、とかさまざまな**義務感から始まっていることが多い**ように思うんです。だから料理という行為自体の中に喜びを感じられたほうが、続くと思うんですよね。

佐々木　ぼくが料理でいちばん喜びを感じるのは、勘で適当に作ったソースが美味しかったとか、そんなときです。キッチンは自分のアイデアが自由に発揮できる場所だと思えたり、料理するときに**「今日はどんな創作活動をしてやろうか」**とクリエイティブになれるなら、やらなきゃいけないものから、やりたいものになるんじゃないかと思って。

山口　私は、料理を奪い合う家事にしたいんですよね。

佐々木　「俺が作るよ！」

山口　「いや、私が作りたい！」みたいな（笑）。

レシピのデメリット

1. **レシピが多すぎる**
   何を基準に選べばいいかわからない

2. **ひとつでも材料が欠けてはいけない気がする**

3. **作業性が悪い**
   本を広げたり、スマホをスクロールしながら作る

4. **手順の理由が説明されない**
   「先に塩をふる」「下ゆでする」「落としぶたをする」

5. **指示が細かすぎる**
   グラムやミリ単位の細かい指定、揚げ油の温度

6. **指示がゆるすぎる**
   適宜・適量など委ねられる、加熱時間に幅がある

7. **突然、ひと手間が現れる**
   材料表にない分量外の材料が登場、「混ぜ合わせた調味料 A を B に混ぜる」「冷蔵庫で◯時間寝かす」

8. **レシピの整理保存が難しく、なくしてしまう**

9. **作っても覚えられない**

10. **「自分で作った」という達成感がない**

レシピがないと、料理ができなくなる！

18 レシピは敵？ 味方？

山口　レシピに沿って作るのは、料理が労働のように面白くないものになってしまうリスクがあります。でもレシピは、やっぱりわかりやすい。私が今、まったく料理ができなければきっと「料理のきほん」みたいなタイトルのレシピ集を買って、そこから始めちゃうと思います。家庭料理業界の人たちと集まると、初心者はレシピから始めるべきか否かという話は、度々話題に上がったりしますね。

佐々木　**料理は、なぜか再現性がある**んですよね。レシピに沿って作ると、ある程度その通りにできちゃう。でもたとえば、サッカーでPKを蹴るレシピって作っても仕方がない。「ボールの中心から左に15ミリの部分を、800ニュートンの力で蹴り込んで、ゴール右隅へ叩き込みます」と書かれていても、初心者はその通りにできないから。でも料理は「切る」「加熱する」「味付けする」という簡単な作業しかないので、プロの料理人が苦労して編み出した料理も、一応レシピに落とし込めるし、本当に一回も料理をやったことがない人でも、それをある程度再現できてしまうかもしれない。だから、とりあえずはその場を凌ぐことができる強力なものとして、レシピは重宝されるのだろうと思います。普段、料理を全然しない男性がレシピを一夜漬けで覚えて、いかにもキャンプ慣れしているように料理を振る舞う、みたいなことはよく行われているんじゃないですかね。

山口 初心者は下手で当たり前。下手な料理をきちんと作ってステップアップするという、どのジャンルでも通る道が、料理だとなかなか通れないんですよね。

佐々木 レシピがあると、背伸びができて身の丈に合わないこともできる。だから依存してしまう可能性はありますね。背伸びしてできた料理が喜ばれて、料理のやる気が生まれて、続けられることもあるとは思います。

山口 レシピを見ても失敗する人も、もちろんいるんですけどね。でもやっぱりレシピがあると、**身体で体感しながら作る感覚が抜け落ちちゃう**んだと思うんです。

佐々木 食材にすでに火が通っていて、そのサインもあるのに、レシピで指示された調理時間まではまだまだ、みたいなことはよく起こっているでしょうね。

山口 レシピを見てある程度美味しい料理を作れてしまうと、自分の勘に頼ることが怖くなる。勘に頼ってまずくなってお金も時間も無駄にするよりは、明らかで、安定した方法を取りたくなる。でもそれだとなかなか実力が積み上がらないこともあると思います。

佐々木 日々のご飯を作ることではなく、料理のプロを目指すことが目的なら、過去の偉大なレシピをたくさん再現することも、必須かもしれません。

山口 **レシピ自体が悪者とは言えなくて、単に過多**なんだと思います。**レシピには答えが書かれてあるし、本やSNSで広がりやすい**から、世の中のニーズを満たしやすい。だから料理家にとってはレシピを作ることがお金になって経済を回していくことでもあり、プロアマ問わずに作られたレシピがインターネットをはじめ、テレビ、雑誌、書籍などいろんなメディアで見られるようになっている。そうして料理をやったことのない人が料理を始めようと思うと、それしか目に入ってこない状況になっている、ということだと思います。

19 レシピはそもそも目安だった！

佐々木

料理がレシピによって再現性のあるものになったのは、火加減や、調味料の量がきちんと統一表記で書けるようになってからのようですね。それ以前、薪で炊事していた頃は火加減もバラバラだったから、「弱火で10分」とは書けなかった。味噌も自家製だったりして、調味料の味も各家庭によってだいぶ違ったから、きちんとしたレシピがあっても仕方がなかったみたいです。昔のレシピは、エッセイのようだったという話もあります（久保明教『「家庭料理」という戦場』コトニ社）。たとえば、小林カツ代さんのレシピには「（たらこに煮汁が）コテッとからまったら取り出す」という表現があったそうで、「コテッ」とは一体どんな状態だよ、と思うんですけど。その**あいまいなレシピは、解釈のふれ幅があるからこそ、作り手は五感を使って料理を観察し育つ**という。最近あるレシピを見てたら、ねぎを7ミリに切るとあったんです。それは本当にちょうどいい幅なのかもしれない。でも「7ミリにしなきゃ」と思いながら切るのはちょっと苦痛。

山口 レシピを作ることは、自分がしている行為を客観的に見直して、明文化することだから、仕方のないことでもあると思います。たとえば「カブの塩もみサラダ」を作るとして、カブは4等分にしてもできます。でもそれだとたくさん噛まないといけないし、塩分も浸透しづらい。なのでもう少し薄切りであればいい。だから本当は「薄切りの範囲で、厚さはあなたに任せます」とレシピに書きたいんですけど、どうしてももっと具体的なガイドが欲しくなる読者もいて。

佐々木 「食べづらくない範囲で、厚さは大体これぐらいかな」というのが料理家が調理の最中にやっているリアルなことだけれど、レシピに落とし込むときには、切った後の数値を正確に書かざるを得ないんですね。

山口 塩も適量、じゃなくて、小さじ2分の1とか、たまに3分の2とかになります。でも「3分の2!?」ってなるじゃないですか（笑）。

佐々木　美味しさを追求しようとすると、そうなってしまうのかも。

山口　小さじ3分の2なんていうのはあいまいだから、本当はグラムで示したほうが明確なんですけど、みんなが電子スケールを持っているわけじゃないですし、計量も面倒ですからね。だから料理家の当事者として私も、レシピを書くことに対して不自由だなと思うことはあります。細かく書こうとすると紙面が足りないし、文字が多すぎるとそれだけで拒否反応も起こるので、ジレンマはあります。

佐々木　**レシピは、料理家の実際の作業そのものではない**ということは各自頭に入れておいてよさそうですね。料理家は「7ミリに切ろう」と思っているわけではないけど、レシピにして正確に伝えようとすると、7ミリと指定するしかなくなる。そもそもレシピが目安でしかないのかも。小さじ3分の2もそうですね。

山口　塩と一口にいっても、持っている塩の粗さによって全然違うんですよ。

佐々木　確かに、粗塩と焼き塩では全然違いますね。

山口　食材も工場で作られているわけではないので、**全部サイズはバラバラ**なんですよね。じゃがいもだって小、中、大とあって、じゃがいも中は何グラムなの？皮をむいた後の重さなの？　何なの？　みたいな（笑）。

20 料理家がレシピを作る方法とは？

佐々木 山口さんが料理をレシピに落とすときは、どんな方法を取っているんですか？

山口 2パターンあります。ひとつは、勘で作って美味しかったら、食材何グラムとか、何分焼くとか、メモしながらもう一度作るやり方。もうひとつは、メディアからレシピを依頼されたとき、最初から量りながら作る場合もあります。1回でうまくいかないこともあるので、何度も試作してたどり着くレシピもありますね。

佐々木 普段の料理をするときに、大さじ、小さじを使って量ります？

山口 普段はほとんど量らず、レシピに落とすために使うことが多いです。量り方にもその人が表れますね。料理家さんにもおおらかな人もいれば、厳密にしないと再現できない、という人もいます。私は味のブレも含めて料理の美味しさだと思っているところがありますね。あとは、私が作るレシピは、どうしても**「私の味覚が感じる美味しさ」からは、逃れられない**んですよ。私がブロッコリーは1分半ゆでたのが美味しいと思ったら、もうそうやって書くしかない。でもブロッコリーの食感とか、香りが苦手な人は3分ゆでたほうがいいかもしれない。

佐々木 本当はレシピに「私はかための食感が好きなので1分半にしていますが、ブロッコリー特有の香りが苦手な方は……」と書いたほうが親切だけれど、書いてあったとしたらパッと見の文章の量に「うっ」となる（笑）。でも本当は、2分だろうが、2分半だろうがお好きに、と思ってるわけですよね？

山口 全然思ってます。私は特に、これが正解ですっていうこだわりが少ないので。

佐々木 百回試作して突き詰めるタイプの料理家は、レシピ通りに作ってほしいのかも。

山口 私みたいに適当なタイプもいるので。合わないタイプの料理家さんのレシピは苦しくなることもあると思います。ここまで細かく指定されるのか、とか。

佐々木 逆にすべてをグラムではっきり示されたほうが嬉しいタイプの人もいるでしょうね。そういう人は厳密な料理家さんをフォローしたほうがいいのかも。

21 なぜレシピが必要とされるのか？

佐々木　どうして、苦痛な部分も多くリスクもある、レシピを再現するという料理の学び方が、メインストリームになっているんでしょうね？

山口　どうしても**「失敗したくない」という思いがある**と思うんですよね。

佐々木　確かにぼくもレシピを見て作ったときには、料理を失敗した経験があまりないです。ただ、達成感も成長している感覚もあまりなかっただけで。

山口　たとえば彼氏の誕生日に何か料理を作ってあげたいと思ったら「男性／喜ぶ／ご飯」と検索して、ハンバーグのレシピがヒットしたりする。そうやって単発のイベントで料理をこなすのなら、レシピはとても役に立つと思うんです。

佐々木　そのときレシピを求める理由としては、美味しさや、完成度の高さを求める気持ちが大元にあるわけですよね。やっぱり、パートナーや家族に作るとなったら、がっかりさせたくない、料理が下手だと思われたくないから。

山口　失敗できないし、**答えを見ずに成功できる自信がない**。ひとりで食べるにしても、**食材や時間やお金を無駄にしたくない**という思いは誰でもありますよね。

佐々木　クリスマスの時期にネットを見ていたら、ローストチキンとか、アップルパイのレシピが出てきて、そのレシピを求める人の気持ちが突き刺さってきたんですね。「せっかく買った七面鳥ですが、え〜、丸焦げになりました」とか誰だって言いたくないし（笑）。特別なイベント時にレシピを求めることは非難できない。

山口　待ちに待ったイベント料理こそ、レシピの出番ですよね。ただイベントではなく、節約のため、健康のために外食を減らすとか、子どもができたりして、本格的に自炊中心にしていかなきゃいけないときに、毎日レシピを見ていると、料理が楽しくない作業になる可能性もあるということだと思います。

佐々木　レシピがはらむリスクはだいぶ把握することができたようですね。レシピを見ずに料理を学んでいく方法を、次の項目から見ていきたいと思います。

22 始め方の壁。ハンバーグ問題！

山口　料理を始めるのには、やっぱり簡単なものからスタートするのがいいと思います。他のジャンルでも、初心者は簡単なものから始めますよね。

佐々木　でも、これから料理を勉強しようと思う人が、勇んでレシピ本で開くページが、さっきのハンバーグだったりオムライスだったりするんですよね。同棲や結婚したら、初日に作りそうなものというか（笑）。

山口　本当にそうなんです！　私はそのことがすごく不思議なんですけど、その不思議さがずっと解消しないままの状況で。ハンバーグやオムライスは確かに美味しくてみんな大好きなので、作るモチベーションにはなります。ただ難しいし、手間がかかるので、それがいいスタートになるとは思えないんですよね。私はこのことを**「ハンバーグ問題」**と呼んでいます。

佐々木　ハンバーグ問題（笑）。ぼくも挫折した経験があります。オレンジページが『基本の○○』シリーズというのを出していて、学生の頃それを集めていたんです。『基本の洋食』ならオムライスやハンバーグが当然載っていて、そういった「有名な料理」をまず作れるようになることが「基本」だと思い込んでいた。でもその「基本」のはずのレシピも覚えられないままで、再現できたとしても、うまくなった感覚があまりないという。

山口　私もハンバーグを作るんだったら、いまだにレシピを見たりしますよ。

佐々木　料理家の山口さんですらそうだというのは、安心するかも。

山口　**ハンバーグは初めて料理する人が挑戦するには、失敗する要素が多すぎ**て挫折する道しか見えないんですよ。まず肉だねを作るのにいろんな素材が必要だし、肉の水分や卵の大きさの違いによって、柔らかくなりすぎて成形できなかったりします。生焼け問題も起こるし、反対に焼きすぎて肉汁どころじゃなくなる場合もある。肉だねを作ったボウルには脂がたくさん付くから、洗い物も面倒。作り終わった後に微妙に余る素材が多くて、無駄にしてしまう罪悪感も感じる。ナツメグは臭み消し、パン粉は肉汁を吸ってくれるのでジューシーになるんですけど、なぜそれを入れるかの説明もあまりされないし。

佐々木 もっとシンプルなハンバーグのレシピもあるけれど、肉を練って成形する工程が特殊であることには変わりはないですね。他の料理に応用しづらくて、まず覚えたい基本的な作業ではないというか。

山口 あとはハンバーグは1人分を作るにはまったく向いていない料理で、ミニマムで2人分なんじゃないかと思います。冷凍もできますが普通のハンバーグはできたてが美味しいので、ひとり暮らしでは練習しにくいんですよね。

佐々木 ハンバーグ問題は、ハンバーグだけに言えることじゃなくて、工程が複雑だったり、失敗しやすい料理なのに、初心者がいきなりそこから始めてしまう問題の総称として使えそうですね。オムライスだってそうでしょうし。初心者が料理を始めるには、ハンバーグ問題の反対をいけばいいように思います。**必要な材料も工程も特殊ではなく応用が利くもの、片付けも面倒ではないもの**から料理をスタートするのがいいですね。

ハンバーグの理想と現実

- **工程が特殊で、応用が利かない**
- **必要な材料が多く、微妙に余りがち**
  パン粉、ナツメグ、卵半分余る
- **失敗する要素が多い**
  成形が難しい、焼き過ぎてかたくなる↔生焼け
- **片付けが面倒**　ボウルに脂がこびり付く
- **1人分を作るには向いていない**

23

焼き野菜から始めよう！

佐々木 ハンバーグやオムライスは料理の中でも「主役感」があって、そういう目立つものからどうしても始めたくなる。その気持ちをちょっと抑えて、それが「基本の料理」だというイメージを書き換えていく必要がありますね。

山口 単に、**野菜を焼いて塩をふるところから始めればいい**んです。でも焼き野菜が好物っていう人は少ないですからね。そもそも、それが料理だと認識されていない気がします。

佐々木 「とにかく俺はお浸しが好きなんだ」っていう人もあまりいないですもんね。

山口 私はそういう人がいたら大好きになりますけどね（笑）。ハンバーグは登山における富士山みたいなものだと思うんですよ。それなりの装備も必要になるし、季節によっては命の危険もある。登山しようと思ったら、まずは平地でキャンプをしたり、ピクニックしたりして肩慣らしから始めるのがいいと思うんですよね。

佐々木　習慣づけに大切なのは、ハードルもゴールも下げること。ランニングを習慣づけたかったら、初日はランニングシューズを履いて、玄関の外に出ることだけを目標にするのがいい。次の日は100メートルだけ歩くとか、ゴールは徐々に上げていく。でも料理だとなぜか、いきなりハンバーグという富士山に登ろうとしてしまうということですね。

山口　初心者の人がメインを作るなら、たとえば鶏もも肉に塩だけして、フライパンで焼けば、後片付けも簡単だし、余る素材もないんですよ。

佐々木　鶏もも肉でうまくチキンステーキが焼けるようになったら、日々の料理を回していくのに充分な即戦力になれると思うんですよね。火入れや塩をふる基本を勉強できて応用が利くし、1週間に1回出てきたとしても嫌じゃないメニュー。

山口　私はそういった基本中の基本、**野菜を焼く、肉を焼く、というシンプルな料理からスタートする**ことをおすすめしますね。

24

ミニマルに始めよう！

山口　始め方のコツとして他に言えるのは、いきなり**100%自炊しようとしなくていい**ということですね。たとえば晩ご飯はコンビニの焼きうどんにする。そのときに野菜も摂りたいと思ったら、コンビニでサラダを買うんじゃなくて、ミニトマト1袋を買ってみる。そのまま食べてもいいし、半分に切っておかかじょうゆをかけてみる。ご飯も炊いたことがないならパックご飯を用意して、冷凍餃子を焼くところから始めてもいいかもしれない。それができるようになったら、だんだんステップアップしていく。**自炊率を少しずつ上げていく**のが、今まったく料理していない人にとって、現実的な道なんじゃないかなと思います。

佐々木　毎食自炊しなくてもいいし、毎食の中でも、100%じゃなくてもいいと。カップラーメンに別の素材や香りをちょい足しするところから始めるのもいいかも。

山口　**料理もミニマルに始めたらいい**と思うんですよね。佐々木さんのミニマリストのメッセージも、ものを少なくしたら、いろんな困りごとが減るということですよね。ものが多いから探しものの時間が増えたり、あれもこれも欲しいとなる。料理も同じで、道具も調理法も調味料もあれこれ揃えなくていい。数を絞ってクオリティの良いものにしたり、各々と仲良くなる時間を増やすほうがいいと思います。

佐々木　和食の調味料は限られているとはいえ、無限に組み合わせられますからね。和食がそれなりにできるようになったら、自炊はゴールでいいですかね？

山口　もちろん、スパイス料理が大好きという人は、そこから始めてもいい。でもまずスパイスを炒めるところから始まったり、料理の工程が和食とは全然違います。私たちは出汁を使った味噌汁や煮物、しょうゆや味噌をベースにした和食を今までたくさん食べてきてますよね。そのインプットを活かさない手はない。

佐々木　食べることは料理につながる。英語の勉強にたとえれば、散々和食というリスニングをしてきてるのだから、それはスピーキングにも活かしやすいはずですね。

25

最低限の法則を理解しよう！

佐々木

山口さんのように料理ができる状態というのは、「レシピの隅々まで記憶して再現できる」状態ではない。レシピを覚えているわけではないけど、「料理の法則」のようなものを理解しているから、それを基に毎回**料理を構成できる**ということなのかなと思います。レシピから離れるためには、最低限の料理の法則だけ理解して始めるのがいいように思います。1章のおさらいですが、料理というのは、食材を食べやすいように口に入る3〜4センチ以内の大きさに切ったものを、生で食べられないなら火を通して、塩分を約1％付けたものである。それ以外に心得ておきたいことはありますか？

山口　基本的に、**あらゆる料理は「食材×調理法×調味料」という方程式で表すことができる**んですよね。今日の献立を考えるときに、メインは大体肉や魚になるから、それで食材が決まる。次に調理法です。鶏もも肉を買ってきたとして、何も考えずに「鶏もも肉」というワードで検索してしまうと、沼というか海くらい広いレシピの中で溺れてしまう。だから、まず何かの食材を見たときに、調理法という大きな方向性を決める。

佐々木　ガッツリ食べたいなら揚げる、さっぱりしたいものが食べたいなら蒸す。要するに**調理法というのは、食材にどうやって火を通すかを決めること**ですね。生のまま食べられるものなら、そのままでもいい。レシピを丸ごとコピペするんじゃなくて、**食材からボトムアップして、料理を構成していく**。

山口　食べたいものだけではなくて、気力も考えるうえで影響するでしょうね。鶏もも肉なら、元気が残ってるときは火の前に張りついて作るチキンステーキ。疲れているときはフライパンに鶏肉と野菜を入れて少しお酒をふって、ふたして弱火でじっくり蒸す。これならソファで10分うたた寝しても焦げません。最後に調味料を考えます。鶏もも肉を焼いたとして、塩をふればそれだけで美味しく食べられますし、もっとご飯がすすむ味にしたいなら、みりんとしょうゆで照り焼きにしたり。

佐々木 食材だけで検索すると、膨大なレシピにぶち当たってめまいがする。でも、この方程式を基に考えると、実は料理はシンプルな要素の「組み合わせ」で成り立っていることがよくわかりますね。

山口 調理法といっても、無数にあるわけじゃなくて**生のまま、焼く（炒める）、煮る、ゆでる、たまに揚げる、ぐらいしか日常的に使わない**ですからね。その調理法の中から決められたら、調味料や味付けを考える。反対に調味料、味付けから料理をスタートすることもできます。キムチ味の何かを作りたいと考えて、キムチチャーハンやキムチ鍋を考えたり。食材×調理法×調味料という方程式のうち、空いている要素をスロットを埋めるように決めていく。

佐々木 もし自分で全部埋められなくても「鶏肉を蒸した何か」を作ろうと決められると、ずいぶん自分軸に寄せられる気がします。レシピの味付け、調味料だけを参考にしても、レシピをコピペするより一歩前進しているというか。調理法だけでも絞ると、検索したときに出てくるものも減って、楽かもしれないし。

山口 料理を少しでも、自分からスタートさせることは大切だと思います。

料理の法則

料理の方程式

食材×調理法×調味料

鶏肉	×	揚げる	×	しょうゆ	=	唐揚げ
きゅうり・わかめ	×	生	×	酢	=	酢の物

食材

肉、魚、卵、野菜、果物、きのこ、海藻……なんでも！

調理法

- 焼く、炒める（熱い金属や空気で熱を加える）
- 煮る、ゆでる、蒸す（熱い水で熱を加える）
- 揚げる（熱い油で熱を加える）
- 生のまま

調味料

- 塩味（塩、味噌、しょうゆ）
- 辛味（カレー粉、スパイス、唐辛子）
- 甘味（砂糖、みりん、はちみつ）
- 酸味（酢、柑橘類）
- 旨味（かつお節、昆布）

26 味付けの三種の神器

佐々木 山口さんは著書『ちょっとのコツでけっこう幸せになる自炊生活』（エクスナレッジ）の中で、**「塩＋油」「しょうゆ＋みりん」「酢＋塩＋油」**という本当に基本的な味付けを紹介されていますね。食材×調理法×調味料の方程式のうち、調味料部分のスロットを埋めるための最初の武器となる組み合わせ。

山口 そうですね。これさえ覚えれば、大抵のものは美味しくなって、冷蔵庫にあるものでご飯が作れるようになるという味の組み合わせです。「塩＋油」は味付けの基本になる塩分をととのえたうえで、**油で旨味やリッチ感を足す**。

佐々木 「ねぎ玉子炒め」「ささみときゅうりのごま油あえ」が掲載されています。炒め物、

山口　和え物でも間違いない組み合わせ。「油は調味料」ともよく言われますね。オリーブオイルとごま油は風味が強いので、ほぼ調味料として捉えてますね。それから「しょうゆ＋みりん」は、日本人のDNAに訴えかけるような甘辛味。煮物、丼物、きんぴら、多くの料理の基本的な味付けがこれですね。嫌いな人はいないんじゃないかな。「酢＋塩＋油」はサラダのドレッシングの基本の味付けですが、酸辣湯（スーラータン）みたいなスープにもできます。**「酢＋塩＋砂糖」**で甘味を加えたものは、酢の物の定番。酸味があると味に奥行きが出るんですよね。

佐々木　調味料を2：1：1とか、いろんな比率や黄金比として味付けは紹介されますけど、それも全然覚えられなくて……。そのもっと手前で**「塩味or甘辛味の二択、今日はどっちでいく？」**みたいなほうが方向性が立てやすかったです。「迷ったら調味料は同量」というざっくりした方針のほうが重宝したり。

山口　これ以外にもいろんな味付けやたれは紹介されますが、定番の味に飽きてきたときの中級者向けかなと思います。まずはシンプルな味の組み合わせがいくつかあれば応用が利きます。**どんな食材でも、このどれかの味付けで適当に料理を作ることはできます**から。

味付け「三種の神器」

塩（塩分がある調味料）**＋油**　味付けの基本

- 焼き野菜
- 冷やしトマト

王道中の王道。塩味だけでも料理だが、
油を足すとよりリッチに

しょうゆ＋みりん　みんなが好きな甘辛味

- 鶏肉の照り焼き
- 豚のしょうが焼き
- 肉じゃが

ご飯のおかずになるような甘辛味は
大抵これ。ゴールデンコンビ!!

酢＋塩＋油または**酢＋塩＋砂糖**　さっぱり美味しい

- サラダのドレッシング
- 酢の物
- 玉ねぎの甘酢漬け

酢＋塩＋油は、ドレッシングの基本。
酢＋塩＋砂糖は、酢の物の基本

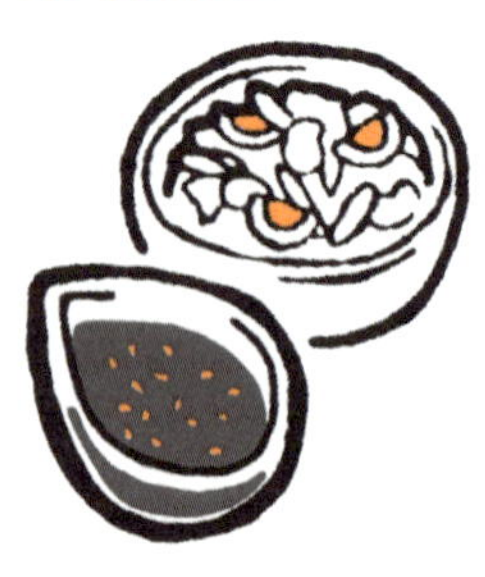

27

「野菜＋タンパク質」「素材＋香り」という法則

佐々木　山口さんは、最初に扱う食材は、まず焼いてみると言ってましたね。

山口　そうですね。たとえばロマネスコという幾何学模様の不思議な野菜があります。でもブロッコリーっぽいから、焼くかゆでるかはいけそうだなと想像します。プチヴェールというケールと芽キャベツを組み合わせた野菜があるんですけど、それも同じ。どんな味がするのか確かめるために最低限の調理法と塩だけで食べてみる。それでその食材自体の味がわかったら、他のこの食材と合いそうだなとか、こういう味付けが使えそうだなという発想が湧いてくるんですよね。

佐々木　シンプルな調理法で、その食材本来の味を確かめるということですね。

山口 新しい絵の具を手に入れたら、とりあえず出して、そのまま塗ってみる感覚ですね。その後で、混ぜたらきれいだろうなという色を考えたりする。

佐々木 **焼いて重量の1%の塩をふれば、料理の方程式は満たせる。**だから焼き野菜も立派な料理。料理の方程式でいえば、調理法＝焼く、調味料＝塩で固定されていて、それはどんな食材でも応用が利く。でも何となく食材を複数組み合わせたものって、より料理らしさみたいなものが出てくるように思いますが、どうしてなんでしょう？

山口 **「野菜＋タンパク質」という組み合わせも料理の法則**だと思いますね。たとえば、ゆでたほうれん草にはかつお節をかけたり、じゃこをかけますよね。これは世界中の料理に共通していると思います。サラダも、野菜だけじゃなくてベーコンが入ったり。ミネストローネも、チーズや肉類を入れることが多いですし。野菜があったら肉や魚に限らず、卵や大豆製品のタンパク質を足す。

佐々木 タンパク質が分解されると、うま味成分が作られる（イノシン酸）。野菜にもうま味は含まれるけれど（グルタミン酸）、タンパク質由来のうま味と組み合わせるとよりうま味が増し、栄養的にも料理らしく感じる。スイーツとかコーヒーとか、うま味がなくても美味しいものありますが、メインや副菜にはうま味が大事な要素なのかも。しょうゆや出汁を使うのも、うま味を補うのが目的ですもんね。

山口　後は、**「素材＋香り」**ですね。豆腐にはしょうがとか、ねぎをかけますよね。

佐々木　単体でうま味のある肉にも、塩をふるだけじゃなくて、にんにくとかこしょうで香りを付けたりしますもんね。

山口　焼き魚にも、レモンや、大根おろしがあると嬉しいし。

佐々木　「野菜＋タンパク質」「素材＋香り」という法則は、レシピから離れて料理を作るうえで、すごくわかりやすい指針だと思います。なんらかの食材を目の前にしたとき、何から始めたらいいのかわかりやすい。

山口　私も何か野菜を見たら「どのタンパク質を足そうかな」って日常的に考えてますからね。もしタンパク質がなくても香りを足すと、料理らしくなります。ほうれん草単体で、ポン酢だけでもの足りないと思えば、ごまを足すとか。

佐々木　料理が成立するためには、たくさんのものを混ぜ合わせなきゃいけないわけじゃない。**組み合わせる食材は2つだけでも、ぐっと料理らしくなる**と考えると、レシピを見ずに料理を作るときに楽ですね。

料理の法則

野菜＋タンパク質、素材＋香り

野菜＋タンパク質

- キャベツ＋**豚肉**……野菜炒めや回鍋肉（ホイコーロー）などで定番
- 大根＋**鶏肉**……煮物の定番
- ほうれん草＋**鮭**……グラタンやムニエルなどでよく使う
- ねぎ＋**豆腐**……味噌汁や鍋によく使う組み合わせ
- トマト＋**卵**……中華風の炒め物や、オムレツとケチャップなど

素材＋香り

- 肉・魚＋**レモン**……脂っぽさもさっぱりと。臭みも消す
- 肉＋**黒こしょう**……臭みを消し、肉の甘みやうま味を引き立てる
- ほうれん草＋**ごま**……ほうれん草のごま和えは定番
- きゅうり＋**しょうが**……きゅうりの浅漬けに少し加えると◎青臭さがすっきりする
- なす＋**大葉**……焼きなすや揚げなすに大葉を添えると、香りも彩りもアップ
- トマト＋**バジル**……イタリアンの大定番

28 なぜ豆腐にしょうゆだけではさびしいのか？

佐々木　野菜にタンパク質を足したり、食材を2つほど組み合わせると料理らしくなる。素うどんとか、豆腐にしょうゆだけをかけたのは確かにさびしく感じたりする一方、**トマトに塩をかけたのは一品として完成しているのはなぜなのか？**と思ったりしました。きゅうりに味噌をつけただけもそうかもしれないけど。

山口　確かに、面白い！　トマトの複雑性ですかね。素うどんにはあまり複雑性はないんですよね。相当上質な出汁とか、使ってる小麦粉がすごくいいと成立するかもしれない。**トマトもきゅうりも、単体で複雑な風味も食感もある**んですよね。

佐々木　その複雑性を単体で出せれば料理らしさが成り立つってことなんですかね。トマトをそのままかじっても皮と種の部分で食感は違うし、香りも強い。甘味も酸味もあるし、旨味も野菜の中ではトップクラスのようですね。でもその辺で売ってる冷凍うどんとかでは、味も食感も均一すぎるのかも。

山口　ただの冷奴(ひややっこ)も一口目はいいかもしれないけど、同じでしょうね。あるいは、「三之助(みのすけ)」みたいな高級な豆腐に、風味の良いしょうゆをかけるならそれだけで成立しそうです。でもスーパーで売ってる3個パックの充塡(じゅうてん)豆腐に、普通のしょうゆだけだと、ねぎとかしょうがとかないですか？　と言いたくなる。でも豆腐はトマトのように単体の満足感は少ない代わりにニュートラルで、麻婆豆腐に入れたり、いろんな味付けができるのが強みですね。

佐々木　「いろいろな栄養がそこにありそう」と脳が感じられる、**奥行きや立体感があるものが美味しい**というのも料理の法則のひとつでしょうね。このトマトは新鮮で風味があるから、塩だけでいいやとか、安い豆腐だからかつお節で旨味を足そう、しょうがで香りを足そうとか、そういう発想ができるようになると良さそう。

山口　料理はすぐ「美味しい」っていう一言に集約されちゃいますけど、「美味しい」は五味、香り、食感といった要素が絡み合ったものなんですよね。

29

食材の味や香りを楽しもう！

佐々木　トマトはとてもわかりやすい例ですが、そもそも食材には、食材自体の香りがあるし、味がある。**味付けをしなくても、食材には味がある**んですよね。でも「料理」して味付けしないと、まるで空気みたいに味がしないもの、そういう風に食材が扱われていることも多いと感じます。そうして味付けが過剰になると、料理が複雑な行為に見えてしまうこともありそうです。

山口　灯台下暗し、という感じがしますね。料理は無味無臭の食材に味付けしているわけではなくて、**食材に元々ある味や香りに、足りないものを補うイメージ**なんですけどね。味付けをしなくても食べられるけれど、それだと人間の脳は美味しいと感じられないから、最低限の塩分を加えるとか、肉の臭みはスパイスを入れて消そうとか、そういう発想。素材にきちんと味があるということを鑑みないで味付けしてる人は結構いるだろうなというのが、私の肌感覚です。

佐々木 コンビニで買うサラダなんかだと、キャベツの香りや味を味わおうとはあまり思えず、ドレッシングの味がメインになってしまうのかもしれません。

山口 コンビニのサラダはドレッシングが前提ですよね。「素材の味をベースにした味付け」について説明すると、たとえば春キャベツだったら、私はめんつゆとか、焼肉のたれを合わせるのは甘すぎると思うんです。春キャベツがそもそも甘くて、ゆでると「砂糖を入れましたか？」っていうぐらいになるから。だからお酢でさっぱりさせてみようとか、そういう方向性のほうがマッチするなと考えたり。

佐々木 ぼくも山口さんの教えを受けて、**素材はまず生でかじってみる**ようになりました。新玉ねぎは、どのぐらい甘いのか確かめたり。

山口 季節によって、野菜の味も変わりますからね。私は、料理教室でキャベツの外側と内側の食べ比べをしてもらったりしています。食感も香りも微妙に違うんです。

佐々木 面白い。それはやってみたことがないですけど、確かにそうですね。

山口　フォーの上には、もやしが生のままのってますよね。苦かったり、えぐみもあるけど、そのまま食べるとなんだか面白いんですよね。「生もやしのサラダ」はわざわざ作って食べないけど、フォーの全体的な優しさに、あの野性的な感じがアクセントになっていて、必然性がちゃんとある。調味料も同じですよね。みりんをよく使っているけれど、みりん自体をなめたことはないとか。酢も種類によって、酸っぱさが全然違いますし。

佐々木　ぼくも山口さんの教えを受けて（2回目）、みりんや酢を買ったらちゃんとなめるようにしてます。

山口　ベースを把握する前に、上の部分だけで、ちょこちょこやってる感じがするんですよね。音楽で言うと、それぞれが何の音かわかってないけど、和音を弾いているような。素材の味から発想したり、塩やしょうゆだけで味付けするところから徐々に和音のように組み合わせを発見していくほうが、料理が自分のものになると思います。

佐々木　最初はなかなかハードルが高い行為かもしれません。でも**素材の味からボトムアップで料理できる**とレベルが上がった感じがあるでしょうね。

30 解像度を「下げる」ことも大切

佐々木 先の項目では、キャベツの外側と内側の味の違い、旬によって変わる野菜の味の違いなど「解像度を高く」して食材を見ようという話でした。一方で、山口さんは**調味料や食材をあえて「解像度を低く」して把握する**ときもあると思うんです。たとえば、**酒は「うまい水」**だと山口さんは伝えていますよね。こういう説明の仕方をしているのは、どうしてでしょうか?

山口 メイクについて何もわからなかったとき、「コンシーラー」って言われてもピンと来なかったんです。それより、要するに「シミ消しです」って言われたほうがわかりやすかったんですよね。ドラマも途中から観ると、「こいつは一体誰なんだ？」ってなるから相関図が見たくなる。それと同じです（笑）。

佐々木 なるほど。確かに、どのジャンルにおいても**一行でわかる登場人物紹介**があると、入門するときありがたいかも。酒には臭み取りのようなメジャーな調理効果のほかに、煮崩れ防止や、焼き色を良くするとか、いろいろな細かい調理効果があるんですよね。酢だって酸っぱさを足すだけではなくて、他の味をマイルドにしたり効果がたくさんある。でもそのすべてを把握するのはややこしいし、気軽に入れづらいものになる。でも「うまい水」だと思えば怖くなくて、とりあえず入れてみようかなとカジュアルに、自由に料理しやすくなったんです。

山口 しょうゆや味噌は旨味も風味も持っていますが、食材に塩分を付ける目的も大きいですよね。意外とそのことが意識されていないとも思います。**しょうゆ＝液体の塩、味噌＝ペーストの塩**、という把握でも最初はわかりやすいかもしれません。

佐々木 和食だとそのうちのどれかを使って、1％の塩分を付ける。元朝日新聞記者の稲垣えみ子さんはその3つを「塩味三兄弟」と呼んでいましたね。なんか登場人物っぽいし（笑）、そうやって自分なりにグルーピングを作っていくのも楽しいかも。

山口 調味料だけじゃなくて、食材もベースは同じように把握しているところがあります。たとえば、ゴーヤーにはゴーヤーだけの特徴ももちろんあるけど、性格をざっくり捉えている感じなんですよね。「苦くて存在感が強いあいつ」ぐらいのざっくりさで。

佐々木　そういう把握をすると、似た性格の野菜に合う料理法は、ゴーヤーでもいけそうだと思えたり。クセの強い野菜ってツナと合わせると美味しいよね、みたいな。

山口　ゴーヤーのクセをそのまま活かした料理がゴーヤーチャンプルーだと思いますし。ラー油で和えて、パンチの強い者同士の互角の組み合わせを作ろうとか。食材を組み合わせて作るときも、**ざっくり把握した性格の相性を考えている**感じですね。

佐々木　解像度を高くして、食材が持つ本来の味や香りを意識することも大事。でも、解像度を下げて抽象的に把握すると、**他の食材との組み合わせを考えやすくなり、似たような性格の食材と入れ替えることもできる**。

山口　ベーコン、さばの干物、塩鮭だって、どれも「旨味が濃縮したタンパク質」なのは同じ。だからベーコンの代わりに干物でポテサラを作ってもいいですし。

佐々木　解像度をひたすら高くするだけじゃなく、上げ下げすると、抽象と具体を行き来できる。レシピなしで料理がしやすくなる大事な考え方だと思います。

31 名もなき料理をたくさん作ろう！

佐々木　「塩分1％」「野菜＋タンパク質」といった料理の法則を基に料理を作ると、「細切りにんじん＋ベーコンを炒めたもの」「豆腐と白菜を出汁としょうゆで煮たもの」みたいな適当な料理が作れるようになりました。ものすごくシンプルで、わざわざレシピとして発表するのもはばかられるようなもの。**法則を基に作ると、そんな「名もなき料理」が作れるようになる**し、**「自分で料理している」という実感が湧く**ようになりました。「名もなき料理」って以前にも聞いたことがありましたが、どういう文脈から出てきたんですかね？

山口　2010年に土井善晴（どいよしはる）先生が『土井善晴さんちの 名もないおかずの手帖』（講談

社）という本を出されていますね。「肉じゃが」という固有の料理名じゃなくて、「青菜と豆腐の煮物」「もやしと油揚げの炒め物」など、食材＋料理法というシンプルな名前を付けられています。

佐々木 「肉じゃが」は誰にでも通じる料理名。でもそういう名の通った「有名な料理」じゃなくて、料理の法則に沿って、その日その場で生まれた炒め物とか煮物。それでいいと思うんですよね。家庭の料理って元々そういうものでしょ、って思うんです。P19でも触れたようにひとり暮らしが増えている世の中で、「家庭料理」という言葉は死語になるかもしれません。100年前の家庭は、3世代で暮らすのは当たり前でしたけど、今はほとんど核家族で、世代を超えて伝わる家庭料理が減っていると思います。これからの時代にフィットして家庭料理の代わりになる名前について、料理教室のみなさんと話していたときに「それはもう『名もなき料理』でいいんじゃないですか？」って言ったんです。わざわざ発表するまでもないという匿名性や、いい意味で二度と同じ味が作れないというニュアンスも含んでいて、しっくりきたんですよね。

山口 家庭料理はなくなっても、名もなき料理は、名もなき料理として100年後もあるだろうと思います。

佐々木　法則を基にすると、考えるのは**「今日は塩、しょうゆ、味噌、どれで1％の塩分を付けてやろうかな」**とか**「どの食材でタンパク質を足そうかな？」**ぐらいの気楽なものになって、適当な料理がすごく作りやすくなりました。余っている食材を消費するのに、ピッタリ合うレシピを検索しなくても済むので、頭を悩ませることも減りましたね。

山口　名もなき料理＝自分で名付けられる料理だとも思うので、**自分で勝手にネーミングするのも楽しい**ですし。料理愛好家の平野レミさんは、それがすごく上手だと思います。

佐々木　「バカのアホ炒め」（スペイン語でバカは牛。アホはにんにく）とか。バカみたいに簡単にできて、アホみたいに美味しいという（笑）。

山口　一般家庭のそういう名もなき料理は再現性がなくて、二度と出会えないのが面白い。私は、カレーも毎回一期一会ですよ。「我が家の定番カレー」みたいなのがないので、何を入れるか決まってない。奇跡的に美味しくできると切ないんですけどね、何を入れたかわからないから（笑）。でも**再現性がないから、飽きないのかもしれない**し。

32 すべての料理はシームレスにつながっている

佐々木 レシピを見るのではなくて、ボトムアップで牛丼を作ってみたことがあるんです。牛丼の甘辛味は多分「しょうゆ＋みりん」とかで付けるのだろう。ある程度つゆだくにしたいので、お酒も足してみるかと。山口さんが言っていた「酒はうまい水」という言葉も思い出して。美味しくできたんですけど、作った後に他の人のレシピを見たら「砂糖を入れる」と書いてありました。なるほどと感じつつも「ちょっとごめん、それってすき焼きと何が違うの？」って思ったんです（笑）。

山口 すき焼きになると、野菜がもう少し足されるぐらいかな？ほぼ同じものですよね。でもレシピ本を見たら、牛丼とすき焼きは別のページに載っている。すき焼きと肉豆腐も一歩引いて見るとほぼ同じなんですけど（笑）。

佐々木　「すき焼きです」って言いながら、肉豆腐を出しても何も言われなさそう（笑）。**ほぼ同じ作り方や味付けなのに、違う名前で「レシピ登録」されていると、違う宇宙に住んでいるように感じる。**でも本当は同じ家に住んでいる兄弟みたいなもの。「ぶり大根」でもなんでもいいけど、誰もが知っている有名な料理だって「名もなき料理」と料理の法則（野菜＋タンパク質）を通じてつながっている。有名な料理も元「名もなき料理」で、特に相性の良かったものが**バズって有名になっただけ**なのかなとも思います。

山口さんは「汁物と煮物、その違いは煮汁の多さと濃さ」ということも言っています。山口「小松菜と油揚げの煮浸し」だったら水分が多い、少ないぐらいの違いですか？

佐々木　そうですね。煮浸しのほうが出汁感が強くて味が濃いぐらいですかね。
極端に言うと、おすましを煮詰めていくと煮物になり、さらに煮詰めると佃煮に変化するというか（笑）。でもレシピを見ていると、決められた水分量を厳密に管理しないと「料理」そのものが成立しない、みたいな印象を受けるんですよね。でも今日は煮物っぽくできたな、汁物っぽくできたな、でいい。

山口 すべての料理は、料理の法則を幹にして、ひとつの大きなツリーみたいな形に位置づけられると思います。**料理はバラバラに存在してるんじゃなくて、シームレスにつながっている**んですよね。これは和食に限らず、世界中の料理に言える話です。世界を巡ると至るところで、スクランブルエッグの親戚みたいな料理に出会います。台湾では卵に大きく切ったトマトを入れ、ポルトガルでは細切りのポテトチップス、トルコではトマトとピーマンを入れる。卵に野菜を入れた栄養価の高い一皿はどこにでもあります。他にも、肉を炭水化物の皮で包んだ料理も世界中にあるんですよね。肉まん、餃子、サモサ……。

佐々木 トルコのケバブサンドとか、ハンバーガーもそうだし。

山口 抽象的に捉えることができれば、料理はもっと自由になると思います。

佐々木 じゃがいも、玉ねぎ、にんじん、肉を鍋に入れて、塩で煮たらポトフ。カレールウを入れたらカレー、しょうゆとみりんを入れたら肉じゃが。鍋に入れてから作るものを決めたってよくて、世界中の料理のどこへでも行ける。レシピを基にすると、一歩外れただけで「料理」から転落してしまうような恐怖感がありました。でも本当は、転落しても別の似たような何かに着地するだけなんですよね。

料理はみんなつながっている

たとえば牛丼、すき焼き、肉豆腐。細かな定義や成り立ちの違いはあれど、味付けも、料理法もほぼ同じ。料理名にこだわらず、すべての料理がシームレスにつながっていることを知れば、料理はもっと自由になる

33 包丁を扱うコツを知ろう！

佐々木　理論を少し離れて、料理の具体的な作業についても考えたいです。自炊が苦手な原因を考えたときに、包丁を扱うのが怖いという人は結構いるみたいです。ひたすらせん切りをしたりする合宿に3日間ぐらい通ったという人もいました。

山口　そんなのあるんだ、面白い。

佐々木　ある程度、扱いが上手になってくると、恐怖心もなくなる。でも本当に初心者のときは、恐る恐るする感じはあったなと思います。

山口　今も指をちょこちょこ切るから、もうどうでもいいってなってますけど（笑）。

佐々木　友達は、猫の手にしてる指の側面を薄く削ぎ落としたって言ってました（笑）。

山口　それはちょっとイメージが違うんですよね。指を立ててほしいんですよ。**猫の手じゃなくて、ピアノを弾くような手。**

佐々木　完全に丸めるんじゃなくて、少し曲げながら立てる。三浦哲哉さんの『自炊者になるための26週』（朝日出版社）では「幽霊の手」と表現されていました。

山口　あとは、野菜って平面が基本ないので転がりやすい。**一度薄切りしてまず平面を作る**、まな板に安定させてから切るというのもコツかも。

佐々木　キャベツとかピーマンとか、つぶして押さえながら切るとか。以前は、切っても野菜がピローンとよくつながってたんですけど、**まな板まで切るイメージ**でというアドバイスがあってそれも役に立ちました。イタリアンのシェフとかすごいですよね、小さいにんにくの細かなみじん切りも、めちゃくちゃ速くて。

山口　速いのは仕事だからですよね。みんなそのスピードをYouTubeなんかで見ているみたいで、料理教室でもよく質問されます。「どうやったら速く切れますか？」って。**「ゆっくり切ってください」**って答えてますけど（笑）。

佐々木　速く切ったところで「何秒の時短だよ」ということですね。

山口　シェフは切らなきゃいけない量がすごいし、提供する時間のお尻があるから急がなきゃいけない。料理家の先生たちもプライベートだけじゃなく、仕事としても料理しているわけで、それはうまくなって当然ですよね。

佐々木 あと、コツとしては**切れる包丁にしたほうがいい**ですよね？

山口 それは正論だと思います。ひとり暮らしを始めるときに、調理道具を全部ホームセンターで揃えて、それをずっと使い続けてる人って結構多いんです。最初はよく切れるけど、いつの間にか切れ味が悪くなる。鶏肉の皮やトマトが思うように切れないと料理が億劫になります。包丁はやっぱり5千円以上のもの、できれば1万円前後のものを買うと、切れ味の長続きという面でいいですね。2万円以上は趣味の世界だと私は思っているので、そのくらいの価格で充分かと。毎日研ぐなら、ニトリでもイケアでも100均でもいいんですけどね。

佐々木 買ったときの切れ味より、それが長続きするいい鋼材を使っているものを選ぶ。

山口 私だって日常的に研がないし。包丁研ぎ道が好きな人はいいですけど。

佐々木 ぼくは完全にそっち派です。ミニマリスト生活でものがいちばん少なかったとき、100個ぐらいしか持ち物がないのに、その中に砥石は残ってて。

山口 極める人（笑）。

包丁を扱うコツ3選

ピアノの手

いわゆる「猫の手」ではなく、左手はピアノを弾くように指先を軽く立てる。指先を使って食材をホールドする。指を曲げていくことで、包丁を左にスライドさせやすい。別名「幽霊の手」とも

まな板まで切るつもりで

しっかり切ったつもりが、野菜がピローンとつながっている……。そんな事態を避けるためにはまな板まで切るつもりで。垂直に下ろして押し付けるのではなく、斜めにスライドして切るのがコツ

平面を作る

じゃがいもなど、丸いものが切りづらいときはどこか一面を薄く削ぐことで平面ができる。その面を下にすると、安定して切り続けられる。切っているうちに薄くなってきた玉ねぎも、横に寝かせて

34 分量を量る派？　量らない派？

佐々木　分量を量るのって、手間ですよね。分量を量って作ったときに起こることを考えたいと思います。何かの料理を作るとき「この料理はしょうゆ大さじ1と2分の1、塩は小さじ2分の1入れる」とか、正確な分量を覚えている人はほぼいないと思うんです。作る人数分によっても変わっちゃうし。山口さんが「覚えているレシピはない」と言っているのもそういう意味だと思います。だから、**分量を正確に量ろうとすること自体が、レシピを見続けることにつながっちゃう**気もして。

山口　佐々木さんは量らないんですか？

佐々木　練習のために、あえて量らないようにしていることが多いです。しょうゆは大きなボトルのままだと、ドボッと入っちゃうこともあるので、注ぎやすいものに移し替えたり。ヤクザ社会が専門のジャーナリストの鈴木智彦さんは料理もお得意ですが、調味料を量らずに体感できるよう特訓したそうです。ぼくも手持ちのボトルで、大さじ1のしょうゆが出る大体の秒数を把握してみようと練習してみたこともありました。今はもっと適当ですが（笑）、そういう時期があってもいいのかなと思います。初めての料理をレシピを見て作るようなときも、量りながらだと、作業性も悪いですからね。

山口　大さじ、小さじの洗い物も増えて、二手間増えますからね。

佐々木　一方で、きちんと量って作ったほうがうまくなるという意見もあります。「プロの厨房でも量る。プロでも量ってるんだから、素人が家で料理するなら、なおさら量らなきゃいけない」と。それもわかるところはあります。

山口　プロは味がブレちゃいけないですからね。

佐々木　山口さんも普段は量られていないみたいだし、料理上手の人のリアルが量ってない、というのも大事だと思います。それが目指すべきゴールだとしたら。

山口　私が基本的に量らないのは、きちんとレシピを見ないと作れなさそうな料理は趣

佐々木　味の領域で、日常的に作らないからでもありますね。
『チューブ生姜適量ではなくて1㎝がいい人の理系の料理』（五藤隆介著・秀和システム）という本があります。著者はすべて厳密に計量したいタイプで、アプローチはこの本とは真逆のようにも見えます。でもきちんと計量して何十回も同じ料理を作った結論として**「材料や調味料の分量は±20〜30％程度であれば『大して味は変わらん』」**と言っています。分量なんて少々ブレてもいいんだと安心できる内容でした。ぼくが自分の呪いだなと思ったのは、『美味しんぼ』で塩だけで吸い物を作るエピソード。優れた料理人は出汁も取らずに塩だけでお吸い物が作れる。でも下手なやつがやると、ただしょっぱいだけになるという（笑）。

山口　それは『美味しんぼ』の世界の話であって、実世界でそんなことやってたら神経すり減っちゃいますね。

佐々木　本当に微妙なさじ加減で料理が成立もするし、台無しにもなる。だからきちんと量らなきゃいけないって、どこかで思い込んでた気がします。量るのが苦にならない人はそのままでいいけれど、そこに堅苦しさやつまずきを感じている人は、**量らない方法を模索してみる**のもありだと思います。

35

誰でも分量は体得できる

佐々木　ふと思ったんですけど、**冷奴にかけるしょうゆは誰でも適当な分量を体得しているじゃないですか。**そのとき、わざわざ小さじを使って量ったりしない。

山口　まったく自炊していない人でも、定食屋や居酒屋で食べますもんね。

佐々木　冷奴にスープかっていうぐらい、しょうゆをドブドブかける人もいない。他にもきゅうりに味噌をつけたり、すでに体得しているものっていろいろありますよね。

山口　ゆで卵に塩をかけるとか、誰でも何度も何度もやっていて、子どもでも体得していますよね。それと同じで、**同じ料理を何度も何度も作ったらいい**と思うんです。ひとつの料理をしっかり覚えないうちに、どんどん新しいものを作っていくと迷子になる。味噌汁とか、野菜炒めとかシンプルなものでいいから何度も作ってみる。そうしたら失敗しづらいと思うんです。家から会社までの通勤路は何度も行くうちに、電車の乗り換えもほとんど無意識でできるようになる。それと同じでひとつの目的地に無意識で行けるようになったら、次は目的地をちょっと変える。味噌汁ができるようになったら、コンソメスープを作るとか。

佐々木 確かにぼくも、一度では覚えられなくても、二度、三度と作るうちに、レシピを見なくても自信を持って作れるものが増えてきたように思います。冷蔵庫にあるもので適当に作るには、レシピから離れたいし、量りながら作っているとレシピに頼りがちになる。とはいえ、まったく何の分量の情報もないのは、本当の初心者の初心者には厳しいとも思うんですよ。ぼくだっていろいろ調べたし、米1合が180㎖とか、久々に思い出したし。

山口 米1合は150グラムでもありますね。私はお米用の計量カップを使って量るのが手間で、電子スケールで量っています。そのほうが数字を見ればいいので楽で。

佐々木 **味噌汁1杯に使う味噌は、大さじ1**ぐらい。そういう基本中の基本は最初に必要な情報として知っていてもいいのかなと思います。

山口　**塩ひとつまみ＝約1グラム**の話はよく料理教室でします。ひとつまみ＝親指・人差し指・中指の3本でつまんだ量ということは業界的に暗黙のルールなんですが、知らないっていう人のほうが多いです。**ちなみに塩少々は親指・人差し指の2本でつまんで約0・5グラム**。もちろん人によって使う塩も手のサイズも異なるので、機会があれば一度電子スケールで量ってみるのがいいと思います。

佐々木　そういう本当に便利なものは覚えたらいいですよね。でも、しょうゆ小さじ1は0・9グラム、味噌小さじ1で0・7グラムの塩分、とかになってくると覚えられない。だから調味料でどのぐらい塩気が付くのかは体得したほうがいいのかも。

山口　しょうゆや味噌になってくると、商品によって塩分量も違うし、減塩タイプとかもあって、ややこしいですからね。

佐々木　しばらく料理を作っていると、きちんと量らなくても大きな失敗をしないようになってくる。鍋のこれぐらいの量の煮物には、これぐらいしょうゆをかければいいとか、目分量が合ってくる。それは**「豆腐にしょうゆ」や「ゆで卵に塩」という、誰でも体得している分量の範囲がただ広がっていく**ようなことなんだろうと思います。

覚えたい分量はこれだけ

基本の分量　知っておくと便利

小さじ１＝5mℓ
大さじ１＝15mℓ

米１合＝180mℓ＝150g
味噌汁１杯＝150〜200mℓ（必要な味噌は大さじ１）

塩の計量　味付けの目安に役立つ！

ひとつまみ＝約１g

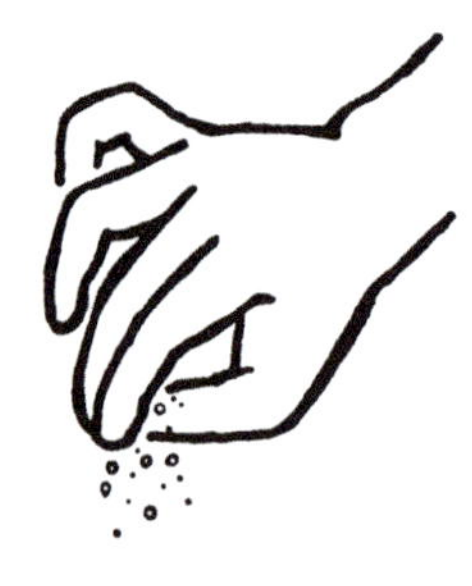

指３本でつまむ

少々＝約0.5g

指２本でつまむ

＊想像よりかなりガッシリと！
自分のひとつまみが0.5gなら、２回つまんで入れて1gとしてももちろんOK

重さ　身近にある重さの目安

卵１個…50g
ごはん茶碗１杯…150g
鶏もも肉１枚…300g
バナナ１本…100g
スマホ1台…200g

36

味見の作法

佐々木　レシピを見ず、分量も量らず作れるようになるためには「味見」というのは重要な要素かなと思います。レシピ通りに作っていたら、味は担保されているわけだから、そもそも味見する必要もないかもしれないけど。

山口　味見するのも洗い物が増えて面倒だし、味見したところで正解がわからないから、初心者のほうが味見しないということはよくありますね。でも、それでしょっぱかったり薄かったり味が決まらなくて、味見はやっぱりしたほうがいいっていう時期が来る。だんだん料理に慣れてきていつも通りの量が作れるようになったら、味が大きくハズレなくなって、またあまり味見しなくなったり。

佐々木　出来上がった料理を食べて「ちょっと好みと違うから、次は違う風に作ってみよう」という繰り返しで自分好みの料理ができていく。とすると、**味見するたびに新しい料理を作って食べている**とも言える。上達のための試行錯誤の回数が増えていると考えると、味見するのはいいなって思います。

山口　料理の種類によっても、味見するしないが違うかもしれないですね。私の場合、味噌汁とかは一応するかな。出汁がきちんと出ているかどうか、出汁の状態で味見したり。

佐々木　味噌汁は濃かったら、お湯を足すこともできるけど、炒め物のように味が強すぎたときに元に戻しづらい料理も多い。だから、**最初はちょっと弱めに味付けしておいて足していく**のが基本的な発想ですかね？

山口　そうですね。難しいのは、料理が熱すぎると人間は熱さを先に感じてしょっぱいのがわかりづらくなるし、冷めても味を薄く感じたりもするので、味見するときはそれを考慮しないといけないんですよね。

佐々木　作りたい理想の味は自分の中にある。味見は、理想の味と現状の誤差を埋めていく作業ですよね。誰でも塩気が足りないとかはわかると思うけれど「何かひと味足りない」とよく言うじゃないですか？　初心者の人は経験値がないから、何が足りないのかわからないというか、味見したところで、自分にコントロールできるのかと思っちゃう。

山口　レシピを見て作ったんだったら、すでに入れたものを足していくのが基本です。後は、**足したほうがいいのは、塩分か旨味**なことが多いです。ひと味足りないと思ったら、かつお節やしらす、鶏ガラスープをパラパラかけて旨味を足したり。

佐々木　山口さんは「味見は二度まで」と言っていますが、どんな理由からそう言っているんですか？

山口　1回味を付けて、味見してみる。理想の味とのその差分を考えて補って、もう一度味見をする。でもそこから先は、どうしても迷うんですよ。

佐々木　下手な人ほどいろいろ入れてしまうというか。絵の具をたくさん混ぜて黒く濁って、収拾がつかなくなるみたいな。

山口　基本的に**薄味で作っておいて「あとは食卓でお好きに足してね」**が、みんなハッピーだと思いますね。

佐々木　人間が2人いたら、好みもそれぞれ違いますもんね。

楽しい「重さ」の世界

佐々木　スケールを使わなくても、なんとなく食材の重さがわかれば塩分1％付けるのも楽ですよね。それが100グラムだと思ったら、ひとつまみの塩をふればいいから。

山口　料理家の人は、スケールなしで「大体これ50グラム」とわかるんですよ。私も専門職だから「誰でもできるでしょ？」とは言いづらいんですけどね。

佐々木　ぼくが持っているスマホが200グラムぐらいで、多分これの半分ぐらいかな？とかは何となくわかる。スマホはほとんどの人が持ってるし、そういう**身近にある重さからスタートしてみる**のもいいかも。

山口　100グラムのお惣菜とかも、日々買っているわけですからね。でもじゃがいも

佐々木　ってゆでてつぶすと体感的な量増えません（笑）？　じゃがいも3つでポテサラを作ろうとするとめちゃくちゃ量ができる。ハムとかきゅうりとかも入れると、自分が想像していた量の1・5倍ぐらいに仕上がるから、そういうのも経験。逆もありますよね。ほうれん草のお浸しを最初に作ったとき、さすがに1束は多すぎると思って半分にしたら、ほんのちょっぴりになって。あとは、鶏のむね肉とかもも肉の1人分の適正量も、最初はよくわからなかったです。

山口　肉は基本1人100グラム前後ですかね。よく**「1食で自分の手のひらサイズのタンパク質を摂りましょう」**と言いますね。

佐々木　わかりやすい指針ですね。ぼくは勉強のために、一応スケールも買ったんです。食材の重さを推測してトレーニングしてるんですけど。

山口　面白いですよね、クイズみたいに当てにいく感じ。

佐々木　「これ70グラムぐらい？」がぴったり当たったら嬉しい。〇〇グラムの肉なんかを何度もスーパーで選ぶだけでも養われていくものがあるでしょうね。料理本やレシピを読むだけでは絶対に学べない、具体的な実践を重ねて体得しなきゃいけない要素は、どうしてもあるんだろうなと思います。

38

火入れの感覚を養おう！

佐々木　火入れも、たとえ言語化していなくても、少しずつわかっていくものだと思います。料理家の土井善晴さんや有元葉子さんは**「美味しそうに見えたら料理をやめる」**と言っていますが、視覚として体得することもある。揚げ物が美味しそうな茶色になったら、ちゃんと火も入ってるとか、よくできてるなと思いましたね。

山口　唐揚げも、火が通ったときに箸で触ると、肉汁が対流する振動がきちんと伝わってきたりして、触覚でわかることもありますね。火入れで難しいのはやっぱりみんな、ビビリになっちゃうことです。ちょうどいい火入れなのにそこで止めないで肉がかたくなるとか。豚肉は火が通ってもほんのり赤かったりするけれど、そういう部位なんだっていう認識がなかったり。

佐々木　一応大体の目安があるなとも思うんです。青菜のゆで時間は数10秒～2分、根菜のようにかたい野菜でも煮込む時間は10～15分、肉を焼く時間は5～10分。塊肉の煮込みとかでなければ、1時間もかかるわけではない。

山口　ブロッコリーだったら、ゆでても2、3分。長くても4分ぐらいかな。

佐々木　ほうれん草はめちゃくちゃ短くて1分未満だったりしますよね。その短さではさすがにほうれん草様は食べられないんじゃないかと、最初の頃は思っていました。でも、**ひとつの食材がわかると、似たような食材は同じぐらいの火入れでいいと思える。**

山口　小松菜も、水菜も、春菊も大体同じですよね。初めて世界を知るみたいな感覚で、実践しながら感覚を鍛えるのは楽しいと思います。ゆで卵とかも、適当にゆでて、タルタルソースにもできないぐらい柔らかすぎても、これはこれで何か美味しいみたいな感じで、そのまま塩をつけて食べることもあるし。

佐々木　ゆで卵のゆで時間を「6分30秒で」と書いてあるレシピもあるけど、それこそ鍋のサイズとか水の量も違いますもんね。

山口 卵の大きさにもよるし、常温なのか、冷蔵庫においてあったのか。常温も季節によって変わるし、厳密にいうと冷蔵庫のどの段に置いていたかによっても変わってきます。ガチでやろうと思ったら、冷蔵庫から出して何秒後に表面温度が何度になってるとか、そういう世界になってきますからね。

佐々木 個人的には、それこそいろんな温度計を買って勉強したい気持ちは全然あるんですけど。プロも肉に金串を刺して唇の下で温度を測ったりしますよね。レシピに加熱時間が書いてあると、きちんと時間通りにタイマーをセットして計りたくなる。でもそうしたときに、食材そのものをきちんと見てあげられないこともありますよね。すでに美味しそうに出来上がってるのに、決められた時間がまだ来ていないとか。その逆に時間が来たけど、全然火が通ってないとか。

山口 料理もやっぱり身体を使って覚えることは大事なんだっていうことですね。初めてドッジボールするときにも、最低限のルールを覚えた後は、**教科書を開きながらやるわけではなくて、実践を通してルールもコツも知っていく**。ボールとの距離感とか、ここにいると危ないとか、反射的に学んでいく。料理もそれと同じだと思います。

火入れを確かめるコツ

- 初めての食材を料理するときは**食材の変化を観察**。「美味しそう」と思える**タイミング**を体感する
- 緑の野菜は、**鮮やか**になってしんなりする
- かたい野菜は、竹串が**すっと刺さる**かどうか
- 肉は端を切って、**火通り**を見る
- 肉が箸や指で押したときに、そのまま沈まず、**弾力がある**
- 魚は身が**ほろっと崩れたら**、火が通っている

火加減の考え方

- **基本は中火**を使う！
- じっくり火を入れたり、煮込むときは**弱火**
- もやしなど水分が多い野菜の炒め物や、食材の表面に焼き目を付けたいときだけ**強火**

39

料理のタイムラインとは？

山口　**「料理のタイムライン」**という考え方も意識すると、レシピから離れやすくなると思います。たとえば、「小松菜と油揚げの味噌汁」を作るとします。水から沸かし始めたときが、タイムラインのゼロ地点。最後の100が食材に火が通り、食べるのに丁度よい温度になって、味付けも終えたとき。油揚げは、火がしっかり入っても、あまり入ってなくてもそれほど大きく変わらないから、タイムラインのどこで投入してもいい。でも小松菜は、最初から入れちゃうと出来上がる頃にはグズグズになっちゃう。それが好きな人はそれでいいけど、歯ごたえを残したければタイムラインの終盤90ぐらいで入れる。

佐々木　食材によって、どの程度火が通ってほしいかを考えて、タイムラインのどこで食材を投入するかを自分で決めるということですね。

山口　豚汁だと、タイムラインの最後ににんじんやごぼうを入れても火は通らないから、最初のほうで入れることを意識したり。豚汁の具が薄切りの豚肉とねぎだけだったら、両方とも最後でも構わないし、ねぎは食べる直前でシャキシャキ感を残すのもいい。**タイムラインのどこで何を投入するかによって、食感も変わるし味も変わる**から、それを意識して料理すると全然結果が違うんですよね。レシピでは、食材をどんな大きさで切るかも指示されているんですけど、食材にどのぐらい火を通すのかが根幹をなしていて、**レシピの大部分を占める**ので。

佐々木　切る大きさは、口に入るサイズで最悪いいし（笑）。

山口　調味料もやはりタイミングです。たとえば肉を炒めるとき、最初に味を付けておくと肉によく馴染んで臭み消しにもなります。最後に味付けをする場合は、肉の風味が残せるのでお肉の香りが好きな人はそちらを選ぶといいとか。

佐々木　タイムラインを考えるうえで、どんな食感でその食材を食べたいのか、まず仕上がりをイメージしておくといいのかもしれませんね。

豚汁の「タイムライン」

0

大根・にんじん・ごぼう

かたい根菜類は、火が通るまで時間がかかるので、調理の最初で入れておく

50

肉・こんにゃく

火が通るのが早い肉や、火入れにあまり影響を受けないこんにゃくは、中盤に投入する

80

ねぎ

ねぎはすぐに火が通るので、シャキシャキ感を残したい場合は、終盤で入れる

95

火を止める

味噌

味噌はグツグツ沸かすと香りが飛んでしまうので、最終盤に溶き入れる

100

完成！

レシピを見ずに料理する方法まとめ

- 「食材×調理法×調味料」という料理の方程式
  それぞれのスロットを埋めていくことで、レシピのコピペではなく、料理をボトムアップして作る

- 食材に「１％の塩分」を付ける
  塩、味噌、しょうゆのうち、何を使って塩分を付けるか決める。焼いて塩をかけただけでも、立派な料理

- 食材は、口に入る３～４センチ以内に切る

- 味付けは、まず「三種の神器」でOK
  「塩＋油」、「しょうゆ＋みりん」、
  「酢＋ 塩＋油または酢＋塩＋砂糖」

- 味は薄めに付け、味見をして調整

- 「野菜＋タンパク質」「素材＋香り」という法則
  旨味のある素材や、香りを足すことで味に奥行きや立体感が生まれ、料理らしくなる

- 「名もなき料理」を作る
  「野菜＋タンパク質」、「素材＋香り」の法則を基に、２つでいいので食材を組み合わせ、オリジナルな料理を作る

- ☑ **すべての料理はシームレスにつながっている**
  料理名にこだわらなくてもかまわない。水分量や調味料が多少ブレても、違う料理に着地するだけ

- ☑ **食材や調味料の「解像度」を下げて把握する**
  食材を組み合わせるときには、ざっくり把握した性格同士の相性を考える

- ☑ **食材の性格を把握し、似た食材に入れ替える**

- ☑ **包丁の扱い方、分量、重さ、火入れを体得する**
  最低限のコツだけを覚えたら、実践あるのみ

- ☑ **「料理のタイムライン」を意識する**
  自分の好みの味や食感になるよう、食材を投入するタイミングを決める

「レシピを見ずにご飯が作れる状態」とは?

1. 料理の法則を基に、食材からボトムアップで料理が作れる
2. 自分の定番、型(P222)に、好きな食材を落とし込める!

40 料理を誰かに教えてもらおう!

山口　今のレシピ本は「材料」と「手順」と「写真」で構成されていますよね。完成写真はあるけど、他のプロセスの写真は各1カットあるかないか。音楽のたとえでいうと「譜面」はあるけど、それと実際に「声に出して歌う」ことの間にある作業を自分で想像しなきゃいけない。誰かに目の前で教えてもらって料理を作ると、その距離が埋まりやすくなると思います。

佐々木　**レシピには書き込まれていない身体の動かし方や、料理のコツって本当にたくさんある**んですよね。以前、山口さんに「鶏のおろし煮」を教わったんですけど「今どうやって、その鶏肉に火が入ったのがわかったんですか?」って聞いたら「箸で押したら、肉がただ沈むだけじゃなくて押し返してくる」って言われて。そのときに「何だその話？　聞いたことない」となりました（笑）。でもそれをレシピという譜面に落とすと「10分煮込む」になるんですよね。

山口　昔は、料理って人に教わる形がベースで、レシピは子どもが家を出るときとか、自分が亡くなる前に、**一応文章でも残しとくね、という役割**だったと思うんです。でも、今は料理を一から学ぶときに、レシピ本やレシピサイトが基本になる。それって、楽譜を一生懸命読み込むような行為で、才能がある人は独学で上手になるかもしれないけれど、みんながみんなそういうわけではないですからね。

佐々木　歌う前にも「歌えるスタジオはどうやって予約するんですか？」「どうやってそのスタジオまで電車を乗り換えて行くんですか？」みたいな切実な話が本当は山程ある。でもそれらはあまり話題にされず、どんな曲を歌うのかという、譜面＝レシピばかりが目立っている。だから山口さんは、買い物からする料理教室をされているんだと思います。山口さんに料理を教えてもらったとき、冷蔵庫にあるもので献立を考えて作ってもらいました。「じゃあやりましょう」となって、ふと隣を見るとすでに大根が切り刻まれ始めていて。その間わずか15秒ぐらいで

「献立を立てるとは……？」となりました（笑）。実際現場で行われているスピードを体感したというか、料理上手の人のゴールの姿がありありとわかった。

山口 料理ができる友達は周りにひとりぐらいいると思うんです。その友達に「何か一緒に作りたい」ってお願いするのもすごくいいと思います。私みたいな自信家だったらおせっかいで教えたくなるし、そこまでの自信はないっていう人も「一緒に作って食べたいだけだから」ってお願いして。

佐々木 ぼくが知りたかったのは、**料理上手の人が頭の中でどんなことを考えているのか**ということ。山口さんにも買い物についていったり、料理をしてもらったりしながら、頭の中を実況中継してもらいましたね。

山口 人が実際に歌ってるのを見ると、どこで息継ぎをしてるのかとかがわかるんですよね。カウンターキッチンで料理を見ながら食べるのもすごく楽しい。お寿司屋さんもよく見てると、右手でシャリを握って左手のネタと合わせて、リズムがあって、ダンスみたい。それぞれのダンスがあるから、握った寿司も全然別物になるんだと思います。上手な人と何か一緒に作るのもいいし、ただ見てるだけでも実はめちゃくちゃ学んでるんだと思うんですよ。

41

料理がうまくなるレシピの使い方

佐々木

最低限の料理の法則に基づいて、自由に料理を作ると楽しい。楽しいから続けられる。でも実際に手を動かしてしばらく料理をすると、レシピが欲しくなるときもありました。どうやって作るのか、自分の想像が全然追いつかない料理も作ってみたくなったり。２章でも見てきたように、初めての料理を作るときにレシピを参考にするのは悪くないし、レシピは単なる悪者でもない。自分の大切な型（P２２６）になったきんぴらや、お浸しという料理法もどこかの誰かが作ったレシピのはずで。だから、法則を基にレシピを見ずに自由に作ることと、レシピがうまく共存できる方法も探りたいと思います。

山口　レシピのいちばん大きな弱点を挙げるとすると、**作り手を考えなくさせること**だと思うんです。

佐々木　逆に言うと、レシピのコピペではなく、少しでも自分の頭を使う余地を残しておくといいですよね。レシピを見ること＝悪じゃなくて、上達のために良くないのは「何も考えないこと」。たとえば、ぼくがレシピを見るときに心がけているのは「薄目で見る」ということです。レシピをガン見しながら作らない。レシピからその**料理の法則を抽出して、ざっくりとした工程だけ理解して作る**。ベーコンを入れるのは旨味を足したいからだなとか、しょうがを入れるのは香り付けだろうなとか、レシピに書き込まれていない料理の法則も読み取っていく。

山口　酒が入っているのは臭み取りだろうなとか、にんにくを途中で取り出すのは、このままだと焦げるからだなとか。そういう想像ができるようになると、レシピも楽しいものになりますね。

佐々木　レシピを見ながら作るんじゃなく、事前に理解したぼんやりしたイメージを基に料理を再構成するように作っていく。調味料も正確な分量じゃなく、確かしょうゆとみりんと酒が入っていたな、ぐらいのざっくりとしたイメージで。作った後

山口　に味がイマイチなら、改めてレシピを開いて答え合わせしてもいいし。その勇気がなかなか出ないんですよね。ちゃんと見れば失敗しないから。でもずっとその気持ちでレシピを見続けていると一生自信がつかないとも思います。

佐々木　レシピの工程は見ず、完成写真だけを見て、どんな調理法や調味料が使われているだろうかと、**頭の中だけで料理をしてみる**のもよくやっています。

山口　レシピ本や料理の専門誌だけでなく、新聞とかチラシの隅とか、レシピは至るところにあるから、どこでもできるクイズみたいで楽しいですよね。音楽を聞いたときに、何の楽器が使われているのか考えるのと同じで、**構成要素を分解してみる**みたいな。

佐々木　レシピは端的に、中級者以上になったらすごく役立つものになるとも思うんです。文法書だけ勉強しても英語は話せるようにならないけれど、話す練習をした後に、文法書を見ることは自分のあいまいな知識を確かめるのにも役立ちますよね。ぼくも適当に作りすぎて味がブレブレになったら、レシピに立ち戻りたくなることもあるし（笑）。**料理の法則からボトムアップで料理を作ること、レシピを参考にすることがうまくシナジーできると強い**だろうなと思います。

レシピをガン見せずに使おう

- あえてあいまいな記憶で作る
- 作った後に、答え合わせとして使う
- 完成写真だけ見て、レシピを想像する
- レシピから美味しさの法則を読み解く

42 レシピのミニマムを求めて

山口　レシピを書く側の人間としては、今までも見てきたように、いつもジレンマがあります。みなさん、どういうレシピがあると嬉しいんでしょうね？

佐々木　ぼくは、具体的な細かいレシピよりも、その**料理のミニマムの定義が何かということを先に知りたい**と思うことが多いです。たとえば「豚のしょうが焼き」で検索しても、いろんな作り方のレシピが出てきちゃう。玉ねぎを入れる入れない、調味料に先に漬け込む、焼いた後に調味料を入れる、とか無限の正解があって迷いますよね。でもウィキペディアで調べたりすると、しょうが焼きの定義が出てきます（ショウガの汁を加えた醤油とみりん、砂糖などをベースにしたタレに漬

け た肉を焼いた日本料理)。普通に検索してしまうと、定義より個別のレシピが先にヒットする。でも知りたいのは、**アレンジされる前の本質**のようなものなんです。その後こういうアレンジもある、違う方法もあると理解するほうが、ぼくはまだ把握しやすいですね。

山口 しょうが焼きも別に豚肉に限らないですからね。肉じゃがだって、牛豚だけじゃなくて鶏肉を使うパターンもある。甘辛味だけど、甘みはみりんで付けるのか、砂糖で付けるのか、どっちも入れるのか。でもしょうゆは絶対入ってるなとか。

佐々木 しょうが焼きも照り焼きもそうですが、使い回しがしやすい調理法+調味料の組み合わせを覚えるのも個人的に使い勝手がよかったです。きんぴら(かための野菜を甘辛く炒めたもの)も、お浸し(ゆでた青菜に出汁やしょうゆで味付けしたもの)も似たような野菜に入れ替えて作ることができる。ポテトサラダだって検索すると、きゅうり、みかん、ハムなどさまざまな食材が入っていて、すでにいろいろアレンジされたレシピが出てきちゃうけど、**ミニマムを知れば食材を自由に追加したり、入れ替えられる**。たとえば、この間ペペロンチーノを作ったんです。ペペロンチーノの前提には、アーリオ・オーリオ(アーリオがにんにく、オーリオがオリーブオイル）がある。そのミニマムの定義は「にんにくの香りを付けたオリーブオイルと、ゆで汁の塩気で味付けしたパスタ」であると理解したんです。それに唐辛子を入れると「ペペロンチーノ」になる。**それさえ満たせば、もう後は別に何を入れてもいい**んだと。そのときは、絹さやとグリーンピースがあったんで、それを入れたんですけど。

山口　美味しそう。その絹さやとかグリーンピースを麻婆豆腐に入れてもあんまり美味しくないと思うんですよね。でもなすは相性がよくて、麻婆の味を吸ってくれるし、油とも合うし、色もいい。麻婆アスパラをあまり聞くことがないのは、アスパラの香りが繊細だから。そういう料理上手の人たちが言語化していなくても持っているインプットはあると思います。食材をグルーピングして把握していて、この子とこの子は合うみたいに、相性を基にコネクティングできる。

佐々木　初心者が適当に食材を入れ替えると、なんだか合わないものができたな、ということもあるでしょうね。でも豚のしょうが焼きも、ペペロンチーノも、元々は誰かが作った「名もなき料理」で、それがバズっただけ。有名料理を作るときも、名もなき料理を作るときと同じく、自由にアレンジを試してもいいと思います。

43

レシピ海の泳ぎ方

佐々木　今は無料で見られるレシピサイトって、本当にたくさんあるじゃないですか。先駆けとしてのレシピ投稿サイト「クックパッド」があり、ブロガーやインスタグラマーによる「ナディア」、動画レシピの「クラシル」や「DELISH KITCHEN」とか。料理名で検索すると上位に出てきて、目に触れる機会が多いですね。

山口　あとは、味の素やキッコーマンなどの食品メーカーが出しているレシピもあって、会社の顔として出しているものだから、信頼している人は多い印象です。

佐々木　何か作ろうと思い立って検索するとレシピがまずヒットする。その膨大に出てくるレシピを比較・検討して、簡単そうなものを探すとか、手元にある食材で作れ

山口 そうなものを試すとか、今は誰でもやっている作業なんでしょうね。

山口 「レシピはどうやって探したらいいですか?」っていう質問もよくもらいます。肉じゃがを作ろうと思ってもレシピは無限に出てくる。でも基準がないから、選べないですよね。旅行でホテルをウェブ予約するときと同じで、選択肢がありすぎるから上から攻めるしかないというか(笑)。「これかな」と思うものを一度作るしかないとは思うんですけどね。

佐々木 ぼくがレシピを探すときは、匿名の人が提供しているものより、料理家さんがレシピを提供しているNHKの「みんなのきょうの料理」なんかを参考にしています。ぼくの戦略は、**フォローする料理家さんや、レシピサイトをある程度絞ること**。あれもこれもだとレシピの海にすぐに溺れちゃう。もう一度作りたいときに、どこで見つけたレシピなのかもすぐにわからなくなるし。

山口 「みんなのきょうの料理」は過去に出演した料理家さんのレシピがたくさん掲載されているので、お気に入りの料理家さんを探すにはいいかもしれません。料理家さんがSNSで発信するのも当たり前になってきてますね。レシピの意図を伝えられたり、受け手側も直接お礼が言えたり、コミュニケーションが取れるのは

佐々木　今の時代の良さだなって思います。

匿名サイトと違って料理家さんは姿形も、立ち振る舞いもわかったりするし、この人が提案するレシピって、こういうタイプのものが多いな、とかつかめたりしますよね。だから、レシピを参考にしたいと思うときは、やっぱり料理家さんから入るのもアリなんじゃないかなと思います。

山口　それは思いますね。だから料理本っていうジャンルは廃れないんだと思います。もちろん誰が作ったかに関係なく役に立つものもありますけど、**レシピの先に人が見えると、安心感はありますよね**。でも日本って、たぶん世界一料理家が多い国だと思うんです。プロだけじゃなく、YouTuber なんかも含めるとものすごい数の人たちが、膨大な量のレシピを日々発信している。そうすると、お手本となる先生を見つけるだけでも、長旅になりがちなんですよね。

佐々木　山口さんが本で紹介していたスープ作家の有賀薫さんの「にんじんの塩スープ」を作ったら、本当に素材を活かしていて美味しくて。気に入った料理家さんができたら、そのつながりをたどっていくのもいいかもしれないですね。

44

自分だけのレシピ本を作ろう！

山口　インターネット上にあるレシピは、ブックマークするのも面倒なので見失うんですよね。たとえば「鶏もも肉」で検索して出てきたレシピが美味しくできて、2週間後にもう一回作りたいと思って検索しても見つけられなかったりする。

佐々木　ヒットして出てくる大体のレシピが似てますもんね。「どれだっけ？」ってなる。

山口　スクショを撮ったりしていても、保存したもの自体がたくさんありすぎて、カメラロールを遡っても出てこなかったり。まずレシピにたどり着くまでに時間がかかる。レシピを見るなら料理家スタートがいいというのは、ここでも活きるかもしれません。「山口祐加／鶏もも」で検索してもらえば、ヒットしますし。

佐々木 ぼくは、作った料理の写真を毎回撮って、後で思い出しながら、こういう手順だったとか、こういうコツがあったということを書き留めています。新しいレシピを探すことよりも、作ったものをきちんと保存して、**自分のレシピ本を作っていく**ようなことって大事なんじゃないかなと思って。工程を思い出して書くことも、もう一回料理を作るみたいな行為で、より記憶に残るし。

山口 すごい……！ 私は仕事のためにそれをSNSでやってますね。Xやインスタグラムに料理を載せるのは自分が振り返るためで、それがたまたまみんなのためにもなるというか。

佐々木 レシピ本に書き込んだりするのもいいのかも。この分量は減らしたほうが好みだったとか、これはなくてもいいとか。過去に作ったものって、過去の自分が欲していた条件に当てはまったわけだから、今の自分にも刺さるはずなんですよね。うちではこの食材が余りがちだからこのレシピがちょうどよかったとか、家に常備している調味料で作れるとか。**無限にあるレシピの中でなぜそれを選んだかという基準は、自分の中では大きく変わらない**から。

和田 以前、平野レミさんのレシピ本を担当したんですが、レミさんも日々のレシピをノートに何冊も書いてました。少し読ませてもらうと、料理のメモはもちろん、美味しかった外食記録までぎっしり。驚いたのは、そこに家族の「美味しかった」「まずい！　不評！」という感想や好みまで全部書いてあったことなんです。

佐々木 自分がどう感じたかだけでなく、食べてもらう相手の反応も大事ですもんね。ネットで見つけたレシピがメインで、自分のレパートリーや「わが家の味」が形作られていくことってあると思うんです。それを想像したとき、何かしらの物悲しさがあるというか。山口さんにはぼくの実家に遊びに来てもらったんですが、うちの母親が振る舞ったふりかけを、山口さんが後日再現してくれました。そういう出会いからレパートリーが増えるほうが面白いのかもと思ったり。

山口 人から教わった料理は、そこの風景とか、一緒に食べたときの記憶も含めて**手触りがあって、より自分のものらしく感じます**。料理を学ぶのは、情報だけではないですからね。

佐々木 雑味があるもので自分のレパートリーを作り上げられると、自分が歩いてきた足跡だと、より実感しやすいのかもしれないですね。

45 料理が創作できる状態とは？

佐々木 レシピの壁の最後に、憧れの「創作」の世界について少し考えたいと思います。たとえばゴーヤーを見たときに、それで作れる料理が「ゴーヤーチャンプルー」しか思いつかない、みたいなことって特に初心者の人はあると思うんです。**食材と料理名が直結**しちゃっているというか。

山口 ほうれん草→お浸しかごま和え、という発想もそうかもしれないですね。

佐々木 食材を落とし込める型ができているということでもあるから、それで充分OKかもしれません。ある日、山口さんのXを見ていたら、たまたま同じ日に砂肝を使って料理していたんです。ぼくはその日初めて砂肝を使ったので、シンプルに串を打って塩焼き。山口さんはなんと、砂肝をゆでてセロリと和えていて、レベルの違いを感じました（笑）。

山口 以前「ツナとセロリのサラダ」を作ったことがあったんです。それが美味しかったから、ツナを他のタンパク質に変えればいいかなっていうだけで。

佐々木 確かに「野菜＋タンパク質」の法則に沿って、食材を変えているだけとも言えるから**「名もなき料理」を作る方法と大きく違いはない**のかもしれない。でも、その組み合わせの発想にはなかなか至れないというか、「これが料理を創作するという領域かぁ」とそのときは思いました。

山口 ちょっとジャンプはありますよね。なんとなくですけど、**食材が口の中で合わさったときの味をイメージしている**んだと思います。セロリは香りが強い野菜ですよね。それとゆでた砂肝の食感を組み合わせて「砂肝いけそうだぞ」みたいな。

佐々木 実際に作る前に、脳内でシミュレーションできる。そのためには、個別の味がインプットされていて、再生できる必要があるんだろうと思います。

山口 そうですね。砂肝をゆでたときにはこんな食感になる、という経験だったり。レバーとセロリは合わないかもしれないけど、せせりもセロリと合うだろうなとか。

佐々木　インプットが少ないぼくからすると、自分が「名もなき料理」を作るときと作業自体は同じでも、創作に見える、ということなのかも。料理を創作するんじゃなくて、すでに有名な料理や調理法になっているものを作れるようになること。もしくは、それらを適当な食材に入れ替えて作れるようになる。それも自炊のゴールとしては充分ですよね。

山口　そういう代表的な料理って、多くの人が美味しいと思えるマッチング率が高いものなんだろうと思います。セロリと砂肝はもう少し人を選ぶでしょうし。その人がどこまで創作意欲があるのかという問題で、なくてもいいんですよ。私だって音楽は好きですけど、新しい音楽を自分で作り出そうとは思わないですからね。まず毎日、ちゃんと栄養を摂るために食事を作るわけだから。安全でお腹を壊さないことが目指すべき第一のゴール。その次は、できればまずくなければいいな、というぐらいの気持ちでいたら気が楽なんじゃないかな。

佐々木　でも山口さんぐらい自由に作れるようになったら、さぞかし楽しいだろうなとも思いますね。レシピから離れた先に、そういう世界が開けていると思うと、日々インプットを積むぞ、というモチベーションになりそうです。

2章　レシピの壁　まとめ

- 料理はメイクと同じように、学ぶ方法が明確に共有されていない
- 「料理＝レシピをなぞって作ること」と考える人は多い。しかし、料理を学ぶ方法は、レシピを見る以外にもある
- レシピを見て料理することは、「労働」に近いと感じることもある
- 料理は、切る／加熱する／味付けという単純作業の組み合わせなので、レシピには再現性がある。下手な人がきちんと下手な料理を作り、上達していくステップが踏みづらいのが料理
- レシピに沿うと、食材をおろそかにしてしまうこともある
- レシピは答えが書かれているのでわかりやすい。各種メディアで拡散するのに、合理的なフォーマットにもなっている

- レシピ自体は悪者ではなく、単にその情報が多すぎるだけ
- あいまいなレシピは、作り手を育てることにもつながる
- レシピは、作った人の実作業とは違い、あくまで目安
- 答えが書かれているレシピが重宝されるのは、失敗したくない、自信がない、食材や時間を無駄にしたくない気持ちがあるから
- ハンバーグなど人気のある料理は挫折する可能性も高い。初心者はもっとシンプルな料理からスタートしたほうがよい
- いきなり全部を作るのではなく、徐々に「自炊率」を上げていく
- 「レシピを見ずに料理する方法まとめ」は、P135を参照
- 料理は直接教えてもらうと、身体の動かし方や料理のコツがわかる

- レシピを見ずに作ることと、レシピを参考にすることがうまく組み合わせられると最強。レシピとうまく付き合う方法を学ぶ

- レシピを見る前に料理のミニマムの定義を確認すると、食材をアレンジしたり、自由に作りやすい

- レシピを提供するメディアは膨大で、すぐに迷子になってしまう。「料理家が作ったレシピ」に限定したり、レシピサイトを絞るのが有効

- レシピを見つけても、すぐに情報の渦でなくしてしまう。自分だけのレシピ本を作るなど、料理を記録することは大切

- 料理を創作することは、普段の料理の過程と大きくは違わない。食材の味をインプットしていけば、いつかたどり着ける

自分で作る味よりも、
デパ地下のお惣菜やレストランで外食したほうが
「美味しい」こともあるかもしれません。
家庭でも味のクオリティが求められるあまり、
料理の責任が重くなっていることもあるでしょう。
家で作る料理は、どのような役割を担うべきなのか？
また、味とは一体何なのか、踏み込んで考えていきます。
料理の喜びは「味」だけでは決まらないようです。

46 日本人は落ちこぼれの東大生？

佐々木　自炊をしてみても「せっかく作ったのに美味しくない」と、味でつまずく人もいるかもしれません。

山口　海外でいろんな人と料理について話して思うのは、やっぱり日本人ほど料理をしている人たちはいないということなんです。扱ってる食材も調味料の数も多いし、作れる料理の幅もすごく広い。だから、私は料理で悩んでいる人たちに「みなさんは『東大の落ちこぼれ』なんです。周りがすごい人に見えるかもしれないけど、世界から見たら超レベル高いことやってますよ」ってよく言います。

佐々木　世界に出ていったとしたら、自分の味に悩んでいるような人も、むしろできる側かもしれないと。

山口　外食も、冷凍食品も、コンビニも、日本はレベルが高い。そうやって美味しいものしか食べてないと、自分が自炊をしたときにまずいものと遭遇してびっくりしちゃうと思うんです。

佐々木　日本で外食したり、何かを買って食べている限りは、ものすごくまずいものには出会えないのかもしれませんね。

山口　海外をまわって、和食はすごく味付けが難しい料理だと実感しました。たとえば韓国の料理って、コチュジャン、唐辛子、にんにく、ごま油とかパンチの強い味付けのものが多い。しかも、それらを混ぜて食べるから、どう転んでも美味しいんですよ。でも**和食は素材を活かす引き算の料理**。お浸しでも、ほうれん草をゆでてポン酢で食べるというのは、実はとても繊細なんですよね。ゆで加減によって食感が変わるし、どれぐらい水を絞るかも影響しちゃうし、選ぶポン酢によっても味は変わるので。

佐々木　水彩画の淡い世界観だと、少しの粗が目立ちやすいというか。

山口　韓国料理はバスキアみたいな鮮やかな色彩ですね。コチュジャンが小さじ1か1

と2分の1で違ってもそこまで変わらない。あとはキムチが万能すぎます。それ自体に複雑性があるし、入れる量で別の味になるし、いろんな料理で使える。

佐々木 確かにアジアの辛い系とか、スパイス系のパンチある料理は、多少の不手際を呑み込んでくれるのかもしれません。

山口 味噌汁が薄かった、濃かったとか、私だって日常茶飯事。**和食は味のブレが目立ちやすい料理**だと思います。だから、日本に生まれて和食を作るというのは、最初から難しいことをやってるんだと思いますね。日本人は小さい頃から美味しいものを食べてきていて、舌が繊細であるってよく言われますけど、本当にそうなんだと思います。ヨーロッパは外食が高くて、私の夫がイギリスでラーメンとビールと餃子を頼んだら5千円したと言っていました。そんな風に外食が高いから自分たちでご飯を作る。でもそれはサンドイッチとかパスタとかサラダとか簡単なもの。料理をすることが重要視されていなくて、それで人間性が試されることもない。日本人は生まれてすぐ「味のエリート校」に入っちゃったと思えばいいんじゃないですかね。だから自分が作る料理に自信が持てなくても、**本当は誰も落ちこぼれていない**んですよ、と言いたいです。

47 日本人が美味しいものに貪欲な理由

佐々木 今お話ししている原宿を歩いていても、SNSで話題の新食感スイーツとか、変わり種ラーメンとか、目新しいものがとんでもなく充実しているじゃないですか。コンビニでは、すごく短い期間で新商品のお菓子が入れ替わる。日本人はすぐ目新しいものに飛びつくし、取り入れていく。飽きっぽいのか、貪欲なのかよくわからないんですけど。

山口 貪欲なんだと思いますよ。日本人は、美味しいものがやっぱり好きなんだと思います。都道府県によって食べているものも、本当に違うじゃないですか。しょうゆや味噌の味も違うし、宗教による食材の縛りもなくて、バラエティが無限にある。イタリア人はやっぱりイタリア料理ばかり食べているけれど、日本人は白いご飯もパスタも美味しく作ろうとします。**全方位において味の完成度を高めようとする**あまり、しんどくなっている部分もあるんじゃないですかね。

佐々木 美味しいもの好きっていうことで言うと、イタリア人だってそうだろうけど、保守的な中での美味しいもの好きみたいな。

山口 彼らは自分の国の味がいちばん、マンマの料理がいちばんという世界観だと思うんですよね。「日本食こそ至高、寿司最高！」と思ってる日本人も多いと思いますけど、パスタだって私たちは大好きですよね。日本人には「イタリア料理を学んで日本に広めてきたし、フランス、スペイン、東南アジア、中華など他のジャンルでも同じことが行われてきたという。

佐々木 すさまじい勢いで、海外の料理を取り込んでいって。どうしてでしょうね？

山口 発酵デザイナー・小倉ヒラクさんの『オッス！食国（おすくに）』（KADOKAWA）という本の中に、日本人は古くから神様に収穫した農作物や酒類を捧げてきたから、自分たちを守ってくれる神様に美味しいものを教えて差し上げたい情熱があり、今でも脈々とそのグルメ精神が引き継がれているのでは、と書いてありました。

佐々木 神よ、新食感グミができました！　みたいなことはあまりはないとは思うけど（笑）、**美味しいものを誰かとシェアしたい欲求**は確かに強烈なのかも。

山口 「食べログ」みたいなグルメサイトもそうだし、台湾カステラとか、マリトッツォみたいな流行りのお菓子が、これだけたくさんあるのも誰かとシェアしたい気持ちの強さの表れだと思いますね。

佐々木 そういうお菓子や名物が、各所でお土産交換されていて。

山口 **日本人はシャイだから、コミュニケーションを取るうえで、食べ物がすごくうまく機能しているん**だと思います。私たちは、欧米の人たちみたいに喜怒哀楽を表現するのが苦手だし、スキンシップも取らない。そういう関係性の中で、美味しいものはコミュニケーションの大切な手段なんでしょうね。

佐々木 美味しいものを一緒に食べたら、感想も言い合えるし、共通の話題も生まれますもんね。食に限らず、製品の繊細なところまで気を遣って改善し、クオリティを高めていくような国民性もある。結果として、世の中を見渡すと、やたら完成度の高い味があふれているということなのかもしれません。

48

美味しすぎるとつまらない？

佐々木　コンビニで買うサンドイッチでも、年々味は向上していっていると感じます。

山口　でも何でしょうね。外食もそうですけど、**美味しすぎて心に残らない**っていうこともあると思うんです。マスに向けたものって、平均点を取りに行かざるを得ないじゃないですか。そして私たちは、常に美味しいものだけ食べたいかと言ったら、多分そうじゃないと思うんですよ。特に外食を食べるときは、パワーを使うなと思います。私は基本的に胃腸が強くないので、旅行に行って外食が続くとしんどくなってしまうんです。丸2日以上、自分が作ったご飯を食べないと体調を崩すというわがままな身体です。

佐々木　どうするんですか？

山口　自炊できる宿に泊まって、地元のスーパーとかで食材を買って、味噌汁にしたり。新鮮な野菜を、焼いたりゆでたりしてシンプルに食べます。日本でも海外でも。

佐々木　重度の自炊患者（笑）。

山口　ずっと外食って……アイドルと付き合ってるみたいな（笑）。大好きな推しの前では自分を良く見せたいと思って気を遣いそうです。私は普段からおしゃれな味よりも、地味で素朴な味のほうがほっとします。

佐々木　先日、三つ星レストランで修業したというシェフのレストランに行ったんです。空間はミニマムでおしゃれ。料理もとにかく「やってやろう」という感覚が強いんですよ。生牡蠣にヨーグルトのソースがかかっていたり、「どうですか？　こんな組み合わせ、食べたことないでしょ？」っていう意識みたいなものが張り巡らされていて。レストランって背筋が伸びて嬉しいときもあるけど、その「やってやろう」という自意識が、突き刺さってくるときもありますね。

山口　「やってやろう感」に「応えてやろう感」がないと受け止めきれないんですよね。レストランは非日常の体験としては大好きです。刺激をもらえるし、何よりも

「あのお店に食べに行くぞ！」というのはモチベーションになります。でも一方で、田舎でおばあちゃんがやっている定食屋さんで出される煮物とか、すごく響くんですよね。本当におばあちゃんのお家の味なんだろうなって。

佐々木 形としては外食でも、味や体験としては家庭料理に近いという。

山口 基本的に、**外食と家庭料理の役割は分けて考えたほうがいい**と思います。土井（善晴）先生は、家庭料理は「美味しくなくていい」とまで言ってますからね。でも今は、**家庭でも外食のように美味しいものを作って食べないといけないというプレッシャーが大きすぎる**と思います。先日、有賀薫さんと話していて「みんな、もっとまずいものを日常的に食べたほうがいい！」っていう結論になったんです。外食も、コンビニもレベルが高い。そんな中で自炊して自分でまずいものを作り出すと、衝撃が走る。でも、まずさがわかるから美味しさもわかるようになるんですよね。料理をわざわざまずく作る必要はないですが、ちょっと抜けた味、普通の味を食べることにも意味はあります。時には味覚をニュートラルにリセットすることも必要ですし。

佐々木 家の中で作った味は、家の外の味を比較対象にしなくてもいいんでしょうね。

49

美味しさの９割は安心感

山口　多くの人が、料理で悩んでいますよね。料理の品数、1回の食事での食材の種類、見栄え、味の完成度……。でも、料理って毎日やることなのに、そこまで頑張れないでしょと私は思うんです。

佐々木　毎回、外食並みに美味しいものを作ろうとしたら、料理のハードルが高くなりますよね。家庭で出す料理は、簡単なもので、それなりでいいと思えたら、自炊もやりやすい。

山口　味もメリハリがあっていいんだと思います。だってみんな、毎日めちゃくちゃ楽しいことばかりじゃないですよね。日々いろんな悩みを抱えながら生きてるわけで。それなのにずっと食事だけテンションが高かったらチグハグというか。やっぱり日々のご飯は安心感、ほっとするのが最優先でいいと思います。

佐々木 逆につらかったり、悲しかったりしても、安心できるいつもの味を作れたら、底が抜けるのを支えてくれそうですね。山口さんは「美味しさの9割は安心感」という言葉を紹介されていますね。

山口 2、3万する高級フレンチは美味しいけど、ほっとはしないですよね。でもお母さんの作る料理や、いつも行く喫茶店の味は安心できる。**「自分にとってのホームと言えるご飯は何なのか」**を考えるのもとてもいいと思います。これさえあれば、安心できて、最低限満ち足りる料理というか。白米と自分の家のお味噌汁があったら私は安心とか。納豆があれば安心とか。

佐々木 レストランの外食とか、スパイスを買って新しい料理を覚えるとか、そういう非日常ももちろん楽しい。でも1章でも見たように、自炊をするということは、自分のホームを作るような行為でもある。家のご飯は可能な限り美味しいものを食べることではなく、帰ってくると安心できることのほうが大事な要素なのかも。

山口 私にとってのホームご飯はやっぱり豚汁。お金に余裕がある日だったら、小さくていいので刺身を1パック。あとはご飯と味噌汁があればもうハッピー。

和田　ぼくは、しらすおろしで整いますね。とくに外食が続いたり、海外から帰ってくると食べたくなります。

佐々木　海外から帰ってくると、刺身を食べたくなるとか、味噌汁を飲みたくなるとか、ホーム感のある料理ってありますよね。ぼくは卵かけご飯と、香川出身なんでやっぱり出汁が効いたうどんですかね。

山口　いつでも作れる範囲で、そういう料理を持っているといいですよね。日々自炊していると、外食も安心してできます。外食ってしょっぱかったり、カロリー過多だったりして、不健康なこともある。でも、大体において質素な食生活をしていたら、たまにそういうものを食べても問題ないし、思いきり楽しめますからね。

佐々木　地元が落ち着くのは、他の地域と比べたときに条件や環境が優れているからではなく、過ごした時間が長いからですよね。料理の安心感もそれと同じで、美味しいから感じるのではなく、**何度も何度も食べたという単なる事実から作られる**のかもしれない。美味しさでより上へ上へと目指そうと思うとつらいけど、ただ作り続けて安心感を目指せばいいと思えば、肩の力を抜いて料理できそうです。

50

失敗料理必要論！

佐々木

ぼくはまずいものを作る、**失敗することも料理上手への道**だと痛感したところがあります。野菜炒めを作ろうと野菜を切っておいたことがあるんです。でもそれじゃいつもと同じだから、揚げ物に初挑戦しようと思ってかき揚げを作りました。レシピも見ずに、適当に卵と小麦粉をつけて揚げたら、なんともいえない、上海蟹ぐらいの巨大なふわふわのものができて（笑）。巨大すぎるし、サクサク感もなく、いろんなところに揚げ玉も飛んでいっている。完全に失敗でしたが、それでようやく「卵の量が多すぎ。なんならいらなかったかも」と思えたんです。一緒に肉も揚げたんですけど、衣がはがれまくり。なぜそうなるかといえば、先に接着剤となる小麦粉をつけていなかったから。それが後でレシピを見たらわかった。でもただレシピをなぞっていたら、なぜ揚げ物するときには先に小麦粉をつけるのかとか、わからないことも多いと思うんですよ。失敗したら、その理由を考えられるけど、ただ成功したときには、**なぜ成功したのか振り返る機会もない**というか。

山口　失敗するのって本当に難しいですよね。答えが書かれているレシピがあるのに、なんでわざわざそれを通らずに失敗をしなければいけないのかという。料理を子どもに教えていて清々しいのは、彼らはやっぱり「できない」がデフォルトなんですよね。小学生だとそもそもレシピの文字が読めなかったりもしますし。最初はできないいんだけど、「次は絶対にこういう風にしたい」という気持ちがあるから、軌道修正力がすごくあって、確実にうまくなっていくんですよね。

佐々木　英語でも、子どものほうが上達が早い。それは脳の柔軟性の問題を抜きにしても、失敗することを恥ずかしいと思わないし、外国の人の中に臆せず入っていけたりするし、そういう要素が大きいみたいです。

山口　**失敗するのが嫌な自分を克服するための自炊**という意味合いもあると思うんで

すよ。仕事で何度も失敗するのは、迷惑をかけたり評価が下がっちゃうからあんまりできないけど、自分で食べるだけならいくら失敗したって別にいい。

佐々木 この間もにんにくが焦げ焦げになったんですけど、だからみんなあんなに「弱火で、弱火で」と口酸っぱく言っているのか……とか。

山口 その失敗を通らずに、いい感じのにんにくって作れないと思います。ギリギリが美味しかったりもするし、焦がしにんにくも思いっきり焦がしたことがないとわからないですし。

佐々木 何か料理を失敗しても、その分学んだと思えばお釣りがくるというか。

山口 この間、煮魚の煮汁が少なくて、ちょっと放っておいたら焦がしちゃったんです。でも皮は食べられなくても、身は食べられる。効率を求めすぎて失敗しづらい世の中になりましたよね。だけどたとえば、絶対にボールが打てる便利なバットが発明されたとして、誰もそれを良いとは思わないはずなんですよね。野球は打てたり打てなかったりするからこそ面白い。こういう、不便の中にこそ良さがあるという**「不便益（ふべんえき）」**という考え方があります。料理も失敗するからこそ、美味しくできたときになおさら嬉しいんですよね。

51 ひとりご飯はさびしくない！

佐々木　失敗は、料理を身体で覚えるためには重要。でも誰でも失敗した料理を、誰かに食べさせたいわけではない。だから、ひとり暮らしもそうだし、いつも料理している人が不在だったりして、**自分だけのために料理する機会は、失敗を存分にできるチャンス**だと思います。誰かのために料理を作ると、好き嫌いを考慮したり、出来上がりの時間を調節したり、料理をするのに複雑な要素が絡んできますし。山口さんが『自分のために料理を作る』（晶文社）でも書かれたように、自分ひとりのために料理を作ることは、自分へのケアともいえますね。

山口　私はセルフケアをしようと思って自炊をしているわけではないですが、体調面だけではなく、精神的にも満足できるように考えて料理しているので、結果的に**究極のセルフケアになっている**とは思います。食べるもので身体はできているのに、化粧品とか美容とか、そういった表面的なケアのほうが大切にされがちのような気がします。まず食生活を整えてから、美容や運動にパワーを注いだほうが効率が良いと思うんですけどね。

佐々木 「今日は、目に入ったものを適当にフライパンにぶち込んで炒めてやろう！」みたいなときは、やっぱりひとりのほうがやりやすかったです。失敗しても誰にも迷惑かけるわけじゃないし、すごく楽しい。でも家族がいて、そうも言っていられない人もいますよね。ぼくに食べさせる家族がいてこれから料理を学ぶとしたら「失敗しながら身体に刻むことが料理上手への道だと思うから、しばらくは下手だけど見守っててね」と宣言すると思います。そして、たとえ家族がいる人でも、自分ひとりのために料理する機会は結構あるでしょうね。

山口 ひとりだとやる気が出ないという人も多いと思いますが、**ひとりご飯はさびしいわけじゃなくて、料理がうまくなるボーナスタイムと捉える**ほうが素敵なんじゃないかなと思います。

52

失敗料理のリカバー術

佐々木 たくさん失敗すると料理はうまくなる。レシピを離れてみたり、実験すると失敗もするけど、実験自体はとても楽しい。そこで失敗をリカバリーできる技術もあると、さらに実験することを後押ししてくれそうに思います。**「味が濃かったら、その分飯を食う」**というのは山口さんのパンチラインのひとつとして記憶してるんですけど（笑）。たとえば、火入れが足りなかったり、生煮えのものはチンしたり、さらに加熱したらいいですよね。焦げてしまったら難しいのかな。

山口 焦げたところを削ぎ落としながら食べたりしますよ。トーストだけじゃなくて、肉でもできます。人によっては、焦げる手前ギリギリが好きな人もいるし。

佐々木　なるほど。以前ちょっと変わった肉じゃがを作ったことがあったんです。水を入れず酒だけで煮るレシピで。鍋の密閉性も良くなかったし、酒もみりんみたいな旨味の強いものを使っちゃったから、死ぬほど濃くなって。でも水を足して、コンソメを入れたらむちゃくちゃ美味しいビーフシチューみたいになった（笑）。有賀薫さんのスープは「水分の多い煮物」ぐらいを目指しているそうですが、料理はシームレスだというのを実感しましたね。

山口　それは水を足して薄めた分、コンソメで出汁を補ったということだと思うんですよね。それがいい感じに着地したんだと思います。

佐々木　煮物の味が濃すぎたら、お湯を足して調整できるんですかね？

山口　長く保存できる煮物に近づいたと思ったほうがいいかも（笑）。

佐々木　佃煮に近づいていく（笑）。

山口　炒め物で、焦げっぽい香りが全体に回っちゃったりすると、難しいかもしれないですけど。

佐々木　にんにくが焦げ焦げになったときも、手がつけられなくなりました。

山口　にんにくを外して食べるしかないですね。でもまずいものもそれにしかない面白

佐々木 さがあって**「いとおかし」**と思ったりします。一緒に食べる相手も笑い飛ばしてくれるタイプの人だといいですね。「何これ、めっちゃ面白い！」みたいに。大根の味噌汁を作ったとき、お湯が沸いた後の余熱だけで火が入るやろうと思って食べたらもうカッタカタで（笑）。でもうまくできなかったもののほうが思い出に残りますね。同じ失敗をしようとしても、もうできないし。まずい料理は物理的にだんだん作れなくなっていくから貴重だなと思います。

山口 水気がいっぱい出ちゃった炒め物を失敗だと思うか、**「今日はこういう日だった」**と思うかによって結構違うと思うんです。

佐々木 失敗したとき、山口さんの「いとおかし」「今日はこういう日だった」もよく使わせてもらってます（笑）。

山口 人間って不思議で、自分の中に「〇〇とはこういうものだ」っていう定義がある。その高い水準が常にいろんなものであって、そこに至ってないとダメだと思っちゃう。ブロッコリーを柔らかくゆですぎちゃったら失敗、みたいな。でも本当は、**料理も天気みたいに、今日は晴れでも、明日は雨が降ることもある。**それもいとおかし、そういう認識でいればいいんじゃないかなと思いますね。

料理に失敗なんてない

テクニックでのリカバリー

- 火が通っていなかったら…**加熱する**
- 焦げたら…**削って食べる**
- 濃すぎたら…**水分を足す**
- しょっぱかったら…**飯を食べる**

メンタル面でのリカバリー

「**失敗料理**は**今しかできないもの**だから**貴重**」

「**今日**は**こういう日**だった」と思う

失敗料理は「**いとおかし**」！

53 SNSの壁

佐々木 「よし、自分は下手な料理をきちんと作るんだ！」と思えても、SNSの壁が結構分厚いかもしれません。料理に不慣れな人ほど「こんな料理を頑張って作りました」って、SNSに投稿したくなるんじゃないかと思うんです。でもそうすると、他の人の完成度の高い投稿に影響を受けて、**見た目がきれいなものや、難しそうなものに手を出したくなる**かもしれない。「#名もなき料理」とかハッシュタグを付けたり、勝手にネーミングした料理を投稿するのはいいかも。

山口 私が完成した料理にあまり関心がないのは、それ以上あまり変化しなくて、動かないからでもありますね。でも素材を和えてる途中って、見た目も味も変わって、

佐々木 作りたい料理のイメージに近づいている感覚が好きなんです。

山口 SNSは基本的に完成形が切り取られている。皿の上はきれいに盛り付けられていても、本当はボウルとか、菜箸とかがキッチンには散乱してるはずだけど（笑）。雑誌や本の料理写真は昼間に自然光で撮っていることが多くて、夜に蛍光灯で撮影しても同じようには撮れなかったりします。でも家の中で作る料理なんて、10年ぐらい前までは撮影する対象じゃなかったんですよね。スマホが行き渡って、それを発信できるSNSが出てきてからの、最近のことですからね。

佐々木 『働くことの人類学』（黒鳥社）という本で、文化人類学者の久保明教さんが**仕事と遊びの区別がなくなっている**と指摘していました。できるだけ多くのいいねをもらうべく、自分の余暇がいかに幸せなのかを、他者にわかりやすく伝えたり、解説したりする。その労力は、ほとんど仕事のプレゼンみたいですよね。

山口 学生の頃は、ただのインターネット上のアルバムみたいな感じで、友達とのツーショットとか、どうでもいいけど心に残ったことをインスタにあげていました。でも今は、大切な仕事のためのツールになってしまって、何か意味のあることをアップしなきゃと感じてしまいます。SNSって本当に難しい！

美味しさより創造の楽しさを

山口　世の中を見渡すと、どうしても万人受けする美味しさを求めすぎていると思うことがあります。でも**「私にしかわからない美味しさ」**みたいなものもやっぱり成立するんですよね。たとえば、私は鍋を作った翌日の雑炊とかすごく好きです。見た目もよくないし、他の人には食べさせづらい味ですけど、昨日の美味しかった鍋の思い出も含めて、その雑炊が美味しいと感じるんです。

佐々木　**料理の喜びは「味」だけが構成要素じゃない**んでしょうね。ぼくはすごく美味しいものができたときより、「勘で適当に作った料理が悪くない」みたいな状況のほうが喜びを感じます。そういう創造の喜びがあると、料理を続けられると思いました。でも「簡単で美味しく作れるレシピが、世の中にはすでに大量に存在している」と思うと、自分の創造性なんて発揮すべきではないもののように思えてしまう。自分が適当に生みだした料理よりも、味だけでいえばプロが試作を重ねて作ったレシピや、バズったレシピのほうが美味しいはず。味のみで勝負するなら、それをなぞったほうがいいということになってしまう。

山口 それはすごくあると思います。

佐々木 これは料理だけの問題じゃなくて、さまざまなジャンルで同じようなことが起こっていますよね。今は、検索したり生成ＡＩに頼ることで**「こうするとうまくいくよ」という最適解に簡単にアクセスすることができる**わけだから。

山口 旅でもファッションでもなんでもそうですよね。

佐々木 膨大な答えがすでにコンテンツとして用意されていて、問題を前に悩むことすらできないというか。ＡＩが生まれてから、なおさらそうかも。

山口 適当な料理を作って美味しかったときに感じる、あの充実感って一体なんなんでしょうね。

佐々木 何も見ずに、想像と創造で適当に作って美味しかった、というのは本当にいい経験だなと思います。充分満足できるものが、自分の中にあるものだけで作れるんだなって。そして作った料理が「自分のものである」と言い張れるあの感じ。

山口 やっぱりレシピを見て作ったのとは違う経験値が貯まっていっている感じがありますよね。参考書を見ないとできない、と思わされていることってどの領域でも起こっていることだから、みんなうっすら自信を削られているのかも。

和田 正解がある料理って、失敗しないように気を張り詰めているからか、無表情に作りがちですよね。平野レミさんは、いかに楽しく料理をするかということをずっと伝え続けている。ピラフにインスタントコーヒーを混ぜてみたり、本物の豆腐で杏仁豆腐を作ってみせたり。

山口 絶対思いつかないですよね。これはやっぱり平野さんの仕事のなせる業、彼女がわざわざ「料理愛好家」と名乗っている理由ですよね。

佐々木 ちゃんとしたレシピがある有名料理でも、調味料を量らずに作れたら「その料理を身につけた」という感覚があって嬉しい。料理上手への道って途方もなく長い道のりのような気がしていたんですけど、**創造することが楽しいから、続けられる。続けられるならたどり着けそう**って今は思います。

味噌汁の包容力は異常

佐々木 今までも見てきたように各食材には、そもそもの味の個性がある。でも味噌汁って、どんな食材を入れても何とかなりますよね。

山口 すごいですよね。本当に不思議、どうしてあんなに何でも丸まっちゃうのか。

佐々木 包容力がすごいですよね。ブロッコリーだろうが、トマトだろうが呑み込む。だから初心者が適当に思いつきで作るには最適の料理だなと思うんです。**何を入れても「料理」は成り立つ**んだよと、味噌汁はささやきかけてくれるような感じがして。カレーもそうでしょうけど、他にそういう料理はありますか？

山口 イタリアのミネストローネとかも、かなり近いと思います。

佐々木 トマトも全体を丸めそうですよね。

山口 実はトマトは必須ではないんですけどね。余った野菜をちっちゃく切ってスープにするという、要するにごった煮ですよね。

佐々木 レシピがないと料理ができない、決まったレシピから外れるのが怖い人にはうってつけかもしれませんね。味噌汁は土井善晴さんの『一汁一菜でよいという提案』（新潮文庫）で再評価されたのかもしれません。でもご飯と味噌汁だけ毎日作りなさいという話ではなくて、最低限これでいいという話だと読めました。

山口 あの本で土井先生が示してくれた「あるもので味噌汁」に救われた人は多いと思います。その日に作った組み合わせが微妙だったとしても土井先生が「そういうのも、ええんですわ」って言ってくれている気がしますし。

佐々木 山口さんの『子ども自炊レッスン』（パイ インターナショナル）では、汁物、スープの方程式として、野菜×タンパク質（肉／魚／卵）×味付け（味噌／しょうゆ＋塩／コンソメ＋塩／鶏ガラ＋酢＋しょうゆ）が紹介されていましたね。これもわかりやすい指針だと思います。今日は味噌以外の味にしたいと思ったら、同じ食材を使って違う味付けのスープにしちゃってもいいし。

そもそも出汁とは何か？

佐々木 味噌汁以外にも、和食では「出汁」がよく使われますよね。その「出汁」について基本を押さえておきたいと思います。かつお節とか昆布とか、出汁を取るのに一般的な食材から取ったものだけが出汁、という誤解がぼくにはありました。

山口 **「うま味が溶けた水分」のことを一般的に出汁と呼ぶ**。まずはざっくりと、そういう理解でいいと思います。

佐々木 うま味は多かれ少なかれ、**すべての食材が持っているもの**なんですよね。肉や魚のうま味のメインはイノシン酸。そして昆布のうま味はグルタミン酸だけど、昆布だけじゃなくて、野菜にも含まれている。

山口 有賀薫さんはそのことを「エブリシングだし」と呼んでいますね。すべての食材にはうま味も独自の風味もあるから、すべての食材から出汁が取れるという。

佐々木 でも野菜だけのうま味ではマイルドすぎるときもあるから、取った出汁でうま味をプラスしてまとわせる料理もある。そんなイメージで合ってますか?

山口 そうそう。ゆでたほうれん草には、しょうゆだけじゃなくてかつお節が欲しくなったりしますよね。**出汁はあれが液体化しているもの**（笑）。イノシン酸とグルタミン酸は合わせるとうま味をより強く感じます。だから一般的な出汁を引く方法も、かつお節と昆布を合わせたものなんですよね。

佐々木 かつお節、いりこ、昆布といった出汁を取るのにメジャーな食材は、乾燥していてうま味が濃縮されているから便利でよく使われる、ぐらいの認識でいいのかも。スープでも、具材だけで充分うま味が出ていると思ったら出汁やコンソメを使う必要もないですもんね。「出汁を取るのがめんどくさい」対策も考えておきたいです。ぼくは、出汁を取るときはいりこと昆布で、ハリオの「だしポット」を使っています。急ぐときはレンチンでもできるし、水出しで冷蔵庫で放っておいたらできるので楽。出汁パックで取るときも、同じポットに入れて冷蔵庫で保存。

山口　一度に800㎖ぐらい作っていて大体、味噌汁4杯分ぐらい。

初心者の人は、出汁パックまたは顆粒でいいと思いますね。顆粒はやっぱり早いし、保存性も高いし、いちばん手軽なので。

佐々木　出汁パックは、出汁が取れる食材が粉末状になったもの。ティーバッグのようなもので出汁を取った後の処理が楽。かつお節や昆布で出汁を引く→出汁パック→顆粒だしの順で風味は落ちていきますよね。出汁を引くのが面倒なのは、出汁を取った後のかつお節や昆布の処理が面倒、ということも大きいのかなと。

山口　顆粒なら無駄なものは出ないですからね。私は出し殻のかつお節を犬にあげたりしています（笑）。あとは沖縄のかちゅー湯（「かちゅー」はかつおの意）という、パックのかつお節をそのままお椀に入れて、お湯を注いで作る味噌汁があるんですけど、手軽で美味しいですね。かつお節はもちろんそのまま食べます。

佐々木　出し殻を、ふりかけや佃煮にしようと冷凍で貯めていたこともありましたが、最近はそのまま味噌汁に入れています。味はほとんどしないんですけど（笑）。

山口　私もちゃんと出汁を引いて、香りも味もやっぱりいいなと思うこともあれば、出汁パックが便利だなと思うこともあって、日々バラバラですね。

出汁はすべての食材から出る！

かつお節や昆布といった出汁を引くための一般的な食材からだけではなく、どんなものからでも出汁は取れる。どんな食材にもうま味があったり、風味があるため。そのうま味や風味が、液体に溶け込んだものが出汁

調味料を選ぶコツ

佐々木　味付けの決め手になる調味料。でも本当に膨大な種類の調味料がスーパーには並んでいるので、選ぶコツを知りたいです。

山口　塩ひとつとっても、塩道があって（笑）、調味料はこだわろうと思えばどこまでもこだわれるんですよね。私のこだわりが少ないのは、塩、砂糖、しょうゆ。塩は「伯方（はかた）の塩」も使うし、**焼き塩はさらさらして使いやすい**です。私はみりんで甘みを付けているから、砂糖は基本的に使っていないんですけど、砂糖も同じく利便性で選んでいいと思います。細かい特性はいろいろあるけれど、**きび砂糖は茶色いから、塩と間違わなくていい**というのが大きい。しょうゆは、いろんな種類の料理に使うものなので、キッコーマンなんかのド定番メーカーのほうが**万能で使い回しやすい**と思っています。

佐々木 しょうゆに限らずですが、昔ながらの製法を守っている小規模な会社を応援するつもりで使うのも、もちろん素敵ですよね。ただ味の個性がより際立っているということもあるという。ビールでいうと、クラフトビールのような。

山口 その個性が合えばいいんですよね。料理家によって「お金をかけてほしい」調味料って全然違うんですよ。私は味噌、酢、みりんにはお金をかける価値があると思ってます。特に**味噌は値段が高いものが美味しい**です(笑)。といっても500グラムで500円ぐらいを目指せば大丈夫。だし入り味噌はいつも同じ味になりがちなので、食材の味を際立たせたいならプレーンな味噌がいいですね。みりんにもいろんな種類がありますが、「みりん風調味料」にはアルコールがほぼ含まれていないので、**「本みりん」の中から選ぶ**のがいいと思います。

佐々木 「みりん風調味料」ではみりんに期待されている調理効果が果たせないし、「みりんタイプ調味料」だと塩分が含まれる。酢もいろんな種類があって迷います。

山口 穀物酢は人によってすっぱすぎると感じることもあるので、値段は少し張るけれど**1本持つなら米酢**をおすすめしますね。お酒については一般的な料理酒は、酒税を避けるために塩を入れてそのままでは飲めないようにしてるんですよね。私は塩分量を把握したいので、**清酒か、塩分が含まれていない料理酒**を選んでいます。

佐々木　お酒コーナーに置いているものを買うと間違えないかも。日本酒が好きな人は、いつも飲んでいる清酒の流用でもいいかもしれない。でも最近の料理用に作られている清酒は、旨味が多くてより美味しいみたいですね。油はどうですか？

山口　**米油はクセがないので、食材の味を活かしやすい**です。後は、オリーブオイルもエクストラバージンだったらなんでもいい。１本千円超えるようなものは美味しいので、ドレッシングとか、カルパッチョとか、そのまま食べるときにちょいがけするのにいいですね。調味料を選ぶポイントとしては、いちばん高いものを買う必要はないけれど、**いちばん安いのから2個ぐらい上**を選んだり。

佐々木　いろいろあって本当に混乱するから、わかりやすい指針ですね。

山口　ジャケ買いもアリです。いい味噌は渋くていいジャケットしてますからね（笑）。

調味料選びはもう悩まない

砂糖
スタンダードは上白糖だが、きび砂糖や三温糖など茶色の砂糖を選ぶと、塩と間違えない

塩
好みの塩を選べばいいが、焼き塩はサラサラして使いやすく、そういった実用性重視で選ぶのもいい

酢
穀物酢はすっぱすぎることもあるので、米酢がおすすめ。酢の酸度は食品表示ラベルにも記載されている

しょうゆ
そのままかけたり、煮込んだりたくさんの料理に使われる。そのため大手メーカーのものが万能に使い回しやすい味

味噌
500g500円を目指すと、美味しい味噌が手に入る。渋いパッケージのジャケ買いもあり

みりん
「本みりん」の中から選ぶ。「みりん風調味料」はアルコールがほぼ含まれず、「みりんタイプ調味料」には塩分が含まれる

油
米油はクセがないので、素材を邪魔せず万能に使える。オリーブオイルはエクストラバージンを選ぶ。油も、香りやコクを出す調味料として考える

味変は食材ですればいい

山口　台湾でホームステイしたことがあるんですが、その家の12歳ぐらいの娘さんが副菜を作る担当だったんです。作り方はすごく簡単。フライパンにオリーブオイルを入れて、しょうがを2〜3片切ったのと、旬の青菜を1束入れてふたをする。1〜2分したら混ぜて、塩をふったら終わり。野菜が毎日変わるだけで、調理法はまったく同じ。その子はそれを作り慣れてるから、調理に全然悩まない。

佐々木　それを「青菜のしょうが炒め」と呼ぶとしたら、調理法と調味料は固定。それで、後はどんな葉っぱが来ても打ち返せる。そういう使い回しが利く料理って覚えると便利ですよね。きんぴら、ナムルとかもそうでしょうけど。

山口　なんなら食卓に、まったく同じ調理法、味付けで青菜の種類だけが違うものが2つ並んだりするんですよね。でも、やっぱり野菜が違うから違う料理として食べられる。**味変は食材でいい**んですよね。

佐々木　これもまた、山口さんのパンチラインになりそう。「味変は食材で！」。

山口　P99でも話しましたが、素材には何かしらの味がすでにあるんですよね。だから塩だけでシンプルに味付けするのは、単に簡単に済ますことではない。娘さんが出した2つの青菜が、両方焼肉のたれで味付けされていたら同じ料理だと感じるかもしれない。でも野菜は1種類ずつで、塩味だけのシンプルな味付けにすると「野菜炒めが、いつも同じ焼き肉のたれ味」という悩みも解決する。

佐々木　焼肉のたれだと味が強くて、どの素材も覆い隠される感じ。「雑草でも食べられる」と評される美味しすぎるドレッシングとかもそうでしょうね。

山口　めんつゆも、顆粒だしも使いすぎるとそうなることがありますね。顆粒だしに食材の風味が持っていかれて、いつも同じ味噌汁だと感じてしまったり。

佐々木　いちばん下にある素材の味を活かすと、**たくさんの味付けを覚えなくても自然に味のバリエーションができる**ということですね。

59 旨味のハイパーインフレーション？

佐々木　日々SNSで見かけるバズっているレシピは、味がガッツリしているというか、旨味がインフレしていることが多いように感じます。使っている調味料もごま油、にんにく、鶏ガラスープ、オイスターソースとかパンチが強いもの。岩村暢子（いわむらのぶこ）さんの『残念和食にもワケがある』（中央公論新社）によると、ただの白いご飯を美味しいと思っている人が少なくなってきているそうです。ご飯を食べるにはふりかけか何か欲しいと。要するに味覚が子どもっぽくなっているのかもしれません。やっぱり濃い味には慣れていくものだから、そういうものに舌が慣れていってしまっているのか、素材がまずくなっているのか？

山口　めちゃめちゃ良い問いですね。複合的な原因があるとは思うんですけど、大きいのは**家庭料理が外食の味に近づこうとしている**っていうことだと思います。外食以外でも、コンビニご飯や冷凍食品がものすごく気軽に食べられますし。特別な日は美味しい外食を楽しんで、普段は家の地味な料理を食べようねっていう、かつてあった**ハレとケの境界もなくなってきている**と思います。

佐々木　久保明教さんの『「家庭料理」という戦場』によると、一世代上の料理家さんは、外食に負けない力強い味をどの家庭でも再現できるようにしようとしてきたと。地味だった家庭料理が華やかに、外食化していこうとした時代があって、その流れが今も続いているのかもしれないですね。

山口　家庭料理はハレの対極にあったもののはずなんですけどね。農文協から出ている『日本の食生活全集』は全国各地のおばあさんが作っていたような料理を聞き書きで集めているシリーズなんですけど、戦前〜戦後ぐらいの家庭料理は本当に地味だったんですよね。（ペラペラめくりながら）当時の献立は大根の味噌煮、間引き菜のごま和え、白飯と朝の残りの味噌汁。ちゃんと「残りものの味噌汁」とか書いてあってえらいなぁ。お盆でお客さんに出す料理ですら、色が地味ですごく

佐々木　質素で。かつてはみんな、こういうご飯を食べていたんですよね。実家では筑前煮が出てきてたんですけど、改めてレシピを見るとめちゃくちゃ使う食材も多いし、めちゃうまい料理かと言われたらそうでもない気がするし。

山口　そうなんですよね、あの料理。わかる……。

佐々木　自分のレパートリーには筑前煮は入らないかもしれないと思ったとき、目の前で筑前煮的なものが消えていくのが自分でもわかるっていうか……。

山口　外食とかコンビニ弁当を食べて大人になった人が、いざ料理をしてみても、昔ながらの家庭料理って、なんて地味なんだろうと思ってしまうのかも。だから、パンチのある味が流行る。それに付随してスーパーで売ってる「○○の素」とか、各種のたれも、濃いめの味付けで多種多様に広がっていて援護射撃していて。

佐々木　しばらく甘いものを断った後に、菓子パンを食べると「甘すぎ！」と思うことがありました。そういう風に「美味しい」と思う感覚にただ従っていると、味覚が狂ったり健康を損なうこともありそうですね。自炊ならではの薄かったり、とぼけた味ができてしまっても、味覚をキャリブレーションしていると思えば意味がある。そしてほっとできる味というのはやっぱり優しい味のようにも思います。

60 味の責任を食べる人にも

佐々木　家族が好きなもの、美味しいものを食べさせたいと思うときに、やっぱり**作る人の責任感が重い**と思うんですよね。毎回の食事で90点は取らなきゃいけないと思ってると、料理するのに気が重くなるというか。だからキッチンではせいぜい60点、70点ぐらいの完成度にしておいて「後の味付けはテーブルで、食べる人の好みでお任せします」とできたら、料理のハードルも下がると思うんです。アジア圏のレストランに行くと、調味料や香辛料がたくさんテーブルに置いてあって「どうぞあなたのお好みで」と言われている気がします。

山口　韓国料理も混ぜる前提の料理が多いし、責任がそこまで重くないように思います。

和食では、出されたものをそのまま食べることが礼儀で、**混ぜるのも味を足すのも相手に失礼っていう文化**なんですよね。

佐々木 ラーメン屋に行くと、食べ方の指示書みたいなのもありますよね。「まずはそのまま味わってから味変してね」「いきなりこしょうかけんな」みたいな（笑）。

山口 私自身も、作った料理を味見もせず、いきなり味の濃い調味料を足されたら悲しい。「まずは一口味わって……！」って（笑）。

佐々木 自信を持って作った味だからそのまま味わってほしいという。でもそれは、自分の首を締めることもあるんだろうと思います。なんだかんだ、ぼくも最初は味を足されたらショックだったんですけど（笑）。だんだん慣れてくると、そのほうが自分も好みの薄味のものを食べられるし、**責任感が分散されて、完成度に厳密にならなくてもいいから料理するのも楽**になりました。

山口 毎日、バーベキューとか鍋とかができたらいいんですけどね。**料理の工程自体を共有するメニュー**だから。

佐々木 料理が、素材を切ったところで終わってますもんね。

山口 焼き肉を食べているときに「その肉、私が見ててかわいがってたのに」とかよく言いますよね。鍋のねぎだって、シャキシャキでもクタクタでも自由にできる。世界の台所探検家の岡根谷実里さんと話していたんですけど、ヨーロッパでは、お昼ご飯もサンドイッチみたいに簡単なものが多いんです。**パンにチーズとハムを挟むぐらい誰でも作れるし、火も使わない。**朝ご飯も子どもでも作りやすいから、料理に対するハードルが非常に低い。でも和食だって、味噌汁は火を使うけれど、おにぎりぐらいだったら自分で握れますからね。手でやるのが億劫なら、お椀やラップを使ったっていい。私も子どもたちに料理を教えていますけど、子どもは新しいことや手を動かして何か作ることが好きですね。私が通っていた保育園はニワトリを飼っていて、餌のキャベツを切るのは子どもたちの仕事でした。もちろん先生が見ていましたけど、子どもにちゃんと包丁を握らせる保育園でよかったなと思っています。子どもが「やりたい！」と言ったタイミングを逃さずに、レタスをちぎってもらうとか、切りやすい野菜を切るなど簡単な作業から始めて、一緒に料理するのもとてもいいアイデアだと思います。

佐々木　料理をやったことがあれば、苦労もわかるし、忙しいときには助けてくれるかもしれないですもんね。子どもに限らない話ですけど（笑）。

61 味は舌の上だけで決まらない

佐々木　「味の壁」の章の締めとして、味とは何か？　ということを、改めてまとめておきたいと思います。まずベースとして、味覚には**五味（甘味、塩味、酸味、苦味、うま味、一説には脂味も）**がありますね。

山口　味覚以外にも、**嗅覚（香り、風味）**も味を大きく左右しますよね。かき氷の味の差は香料の違いだけ、というのは有名な話ですし。高級なコーヒーもドトールのコーヒーも、鼻をつまんで飲んだら判別が難しいと思います。

佐々木　源河亨（げんかとおる）『「美味しい」とは何か』（中公新書）には、**視覚や、聴覚も味に影響を及ぼす**例が紹介されていて面白いです。白ワインを赤く着色すると、専門知識がある人でも赤ワインとして評論し始める。イヤフォンをつけてポテトチップスを食べてもらい、リアルタイムで咀嚼音の音量や周波数を下げると、新しいはずのポテトチップスも「しなびている」と感じる人が多かったそうです。

山口　面白いですね。レストランでクラシックが流れていたりするのも、味をワンランクアップさせているんでしょうね。

佐々木　ぼくも家でよくやります。ハワイアンだと「気分はオアフ島」になるし（笑）。

山口　ゾンビ映画を流しながら食べたら、どんな料理も美味しくなさそう（笑）。

佐々木　**文脈も影響**しますよね。レストランで食べるときも、「こちらはフランスから空輸されたオマール海老です」とか言われると、「フランスから、お前はわざわざやってきたのか」とありがたく食べたり。

山口　作った人にしかわからない文脈もありますよね。新鮮な食材をいただいたとか、下処理が大変だったとか。**もっと食べる人と文脈を共有してもいい**と思います。

佐々木　味の判断は結構ブレブレで、すごく客観性があるものでもない。そもそもお腹が減っていたら、なんでも美味しくなるし。だから自分が作った料理がイマイチでも、単に味だけでその料理をおとしめなくてもいいんだろうなと思います。

山口　今は旨味を簡単に添加できるから、味というひとつの採点項目だけだと、他と比べたときにパンチがないこともあるでしょうね。だから、**いろんな採点項目で、自分の料理を見てあげたらいい**。味の頂点を目指すんじゃなく、自分好みにカスタマイズされたオンリーワンを作れるのが自炊の魅力だし。

佐々木　味は、美学的な判断だなとも思うんです。毎日繰り返し作られる家庭料理やおばあちゃんの味は民藝（みんげい）にたとえられますが、それはまさに料理を芸術と同じ評価軸で見る行為。音楽でいえば、家庭料理はアコースティック、B級グルメはロックやヒップホップ、レストランはクラシックのオーケストラや前衛音楽にたとえられるかもしれない。でも「どの音楽がいちばん複雑なのか？」とか「誰がいちばん楽器がうまいのか？」という観点で、人の音楽の好みは決まらない。味の好みも音楽のような**美学的な判断で、要するに趣味の違い**みたいなところがあるから、優劣をつけたり、ヒエラルキーを作らなくてもいいんだろうと思います。

山口　料理もひたすら、淡麗、ピュアなものを至上としてしまったりしますからね……。

佐々木　ぼくも気を抜くと、「塩だけで食べるのがいちばんうまいおじさん」になりそうなんで、気をつけます（笑）。

料理は全身で味わっている

味を構成するのは、**味覚だけじゃない!!**

五味

甘味　塩味　酸味　苦味　うま味　＋脂味

五感

嗅覚…香り、風味
視覚…彩り、盛り付け、器の美しさ
触覚…カリカリ、もちもちなど食感
聴覚…料理が生む音、咀嚼音、BGM

情報や文脈による脳での判断

例）希少な食材をありがたく感じる、
子どもが初めて作ってくれた料理が嬉しい…

お腹の空き具合

芸術と同じく、趣味の違いも大きい！

3章　味の壁　まとめ

- 日本で料理に悩む人も、世界基準で考えると、むしろ料理ができる側
- 日本人は、国民性もあり、あらゆる国の料理を貪欲に取り入れてきた
- 人は「美味しいもの」だけを食べ続けたいわけではない
- 家のご飯は、味よりもほっとできる安心感のほうが大切かもしれない
- 料理を学ぶ中で、失敗することは上達に欠かせない
- 自分ひとりのために料理する機会は、存分に失敗できるチャンス
- 失敗料理は、技術的にカバーできるほか、「いとおかし」「今日はこういう日だった」など精神的にもリカバーできる
- SNSは基本的に完成形しか切り取っていない。難しく、見栄えがよい料理を投稿したくなるSNSに気をつける

- 味の完成度より「創造の喜び」の方を大切にする
- 味噌汁は思いつきで食材を投入し、創造性を発揮するのに最適な料理
- どんな食材にもうま味や風味があり、出汁はあらゆる食材から取れる
- 調味料は膨大に種類があるので、最低限の選ぶ基準を理解しておく
- シンプルな味付けにすると、「味変」は食材を変えるだけで可能
- 家庭料理と外食、ハレとケの境界線が薄くなっている。自炊ならではの、とぼけた味にも大事な意味がある
- テーブルの上で味を調整してもらったり、食べる人にも責任感を分散する
- 味は五味だけでなく、五感すべてに影響され、文脈にも左右される客観性があまりないもの。料理を「味」だけで採点する必要はない

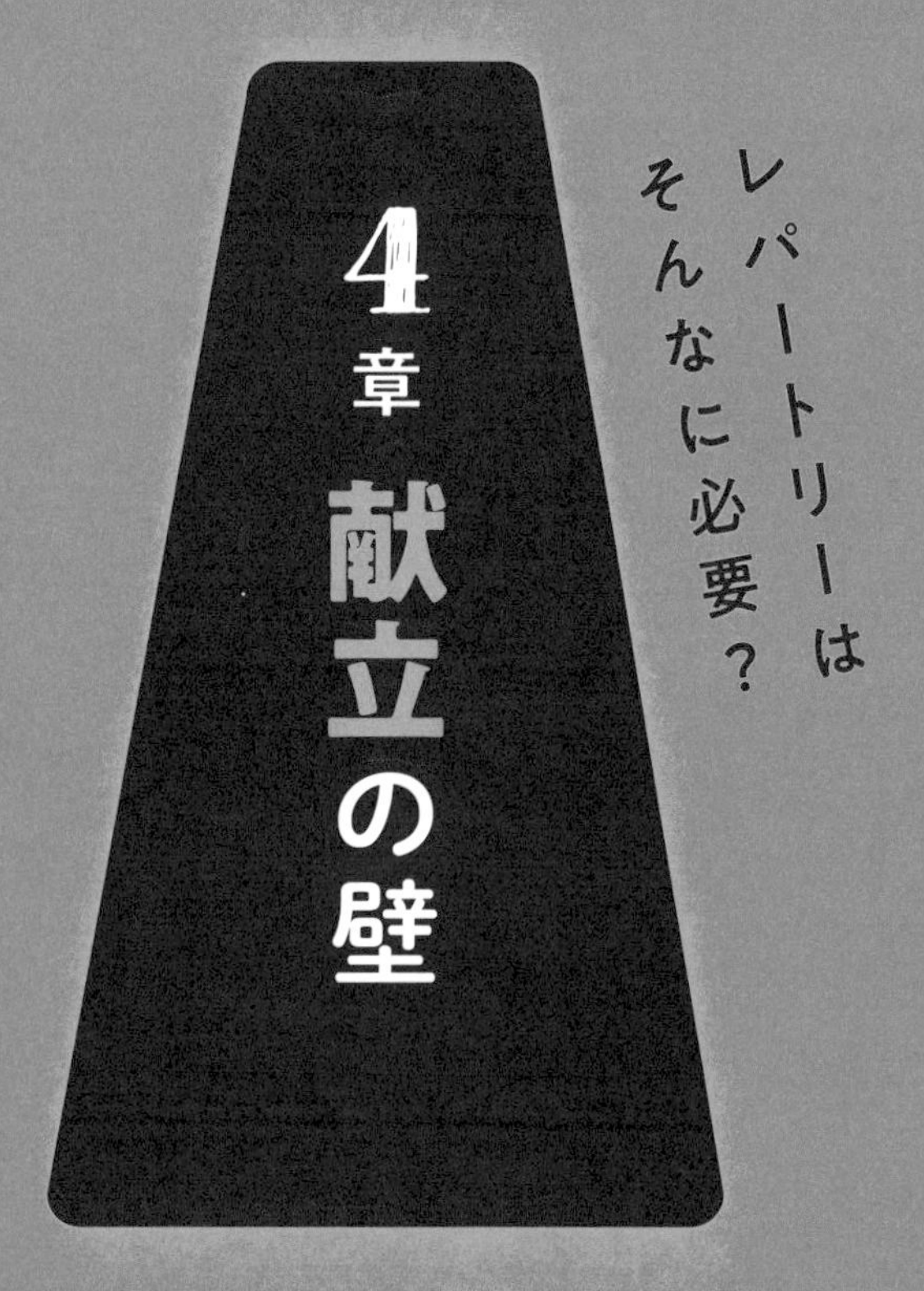

4章 献立の壁

レパートリーはそんなに必要？

一汁三菜など品数が多かったり、毎日違う食べ物が出てきたり、
バリエーションが豊富すぎる日本の食卓。
しかし、現代では達成が難しい基準になっているように
思います。海外の食卓も参考にしつつ、
大きな悩みになりがちな「献立作り」のヒントを、
買い物をするところから考えました。
レパートリーは一体どのぐらいあればいいのか？
新たな基準も提案します。

62

一汁三菜はもうムリ？

佐々木　現代の生活にフィットする献立って、どういうものなんだろうって思うんです。献立には、一食ごとでの品数の問題と、毎日のバリエーションがどれぐらい違う必要があるのかという、2つの側面がありますね。品数の問題でいえば、かつて理想とされていた**一汁三菜は、さすがにフィットしなくなってきている**ように思います。少し歴史を遡ってみると、戦前は農家が多かったから米も野菜も各家庭で作っていた。そして薪を割って、かまどで火を焚いたりして、料理に取りかかる前の段階で、手間がめちゃくちゃかかっていたんですよね。それが60～70年代あたりの高度経済成長期になると食材を作るのではなく、スーパーで買うことで豊富な食材が手に入るようになった。夫は農業をするのではなく、会社に行くようになって、子どもも学校や塾で忙しくなる。以前、飯炊きは子どもの仕事でもあったようですが、主婦が単独でやるものになった。家庭内で分業が進んだから、より複雑なこともできるようになって、会社帰りの疲れた夫を和洋中の多彩な料理で出迎え、もてなすことが主婦の役割になったという。

山口 豊かになった証拠ではあると思います。それまでは味やバリエーションを楽しむんじゃなくて、本当に生きるために食べていたと思うんですよね。

佐々木 ご飯にめざし、梅干しやたくあんだけ、みたいな献立は、すごく長い時代続いていたんだろうなと思います。

山口 あとは家で作った味噌と野菜でお味噌汁を作るぐらい。すぐそばに「食べられない」があったわけだから、それで充分ありがたかったと思います。

佐々木 それが素材も知識も入ってくるようになり、時間もできたから、たくさんの種類の料理を「作れてしまう」環境になった。そこからまた時代が移り、家族も社会の形態も変わったのに、料理に関しては、**高度経済成長期のクオリティ、一汁三菜のような献立への期待が残っているのがしんどい**ということなんだと思います。

山口 現在家庭料理と呼ばれているものは、そもそも料理学校に通って習うような人たち向けの高度なもので、好きな人が趣味的に始めたものだったんですよね。でもそれが家族団らんが良しとされた時代に、**「家族への愛情の証としてみんな作りましょう!」**という強制力のあるものになった。そういう価値観が昭和の時代に作られてしまったんですね。日本は本当に「日本人だらけのコミュニティ」で、日本人にしかわからないような高度な文脈で、すごく悩んでいるなと思います。たとえば「お弁当は冷凍食品でもいいから、何種類もおかずを入れるべき」という議論。お弁当で「2品だけ?」みたいな目線が気になるとか。別にしょうが焼きと、ミニトマトだけで充分じゃん、と思うんですけど。

佐々木 日本で花開いた豊かな家庭料理は、特別に恵まれた時代状況で成立していたということ。それが可能だった世代も、現行世代に自分たちが特別な状況下でできていたことを、押し付けてはいけないのかもしれません。そしてもう時代が変わったということは、作る人だけじゃなくて、**料理を食べさせてもらう人も認識しないといけない**でしょうね。

63 現代にフィットする品数とは？

佐々木　現代にフィットする、一食あたりの品数の、具体的な提案ができたらと思います。山口さんはどんな風に品数を考えてますか？

山口　私は基本的に米ベースの食事なんです。そして米にはおかずが必要ですよね。

佐々木　炊いた米だけを食べることはなくて、米には何かが必要。確かにそうですね。

山口　納豆とか、ふりかけのようなご飯のお供もありますけど、まずは米に合うメインを作ることを考えます。そうするとお肉の炒め物みたいなものになる。そのメインでご飯を食べることができるから、サブの一汁か一菜はご飯に合わなくてもいい。だからお浸しとか、サラダみたいなものが作れる。もしメインの中に野菜が

佐々木　含まれていれば、栄養的にもそれだけで一食は成立すると思います。ほとんどの日本人は米を主食にしているわけだから、かなりの人に当てはまる考え方かもしれません。ぼくもその**「メイン＋副菜（一汁or一菜）」**ぐらいが続けていても苦ではないなと思いました。献立を考えるうえでも、料理の工程のうえでも。あったらでいいけど、それに作り置きや、調理せず出せるキムチや漬物なんかを加えてもいい、という感じです。

山口　私も以前は一汁一菜に縛られすぎて、汁物がないとダメという気持ちだったんです。でも海外の自炊を巡る旅に出たら、献立なんて何でもいいんだと思えて、ご飯と炒め物だけでも満足できるようになりました。イタリアだと、ピザで終わり、パスタで終わりということも普通にあります。それで全然困らないんですが、なぜか炊いた米があるとその周りに小鉢を置きたくなる。不思議です。

佐々木　ランチが麺だけでも悪くないし、朝食はトーストとコーヒーだけがいいという人もいますよね。夕食としてもの足りなく見えない品数ということですかね。白いご飯と、焼いたステーキだけで野菜がまったくないと、不思議ですけどパッと見て献立として成立しているように見えないですよね。

山口　単に見慣れていないということもあると思います。**日本人は、きちんとした定食スタイルが好き**ですよね。でも献立の発想がない人も海外には多いと思います。

佐々木　**学校給食も日本人の献立観に影響している**のかなと想像します。給食は、毎日メニューは違うし、品数も多くて、栄養も考え尽くされて作られている。それを食べて育った人が、豊富なバリエーションや、品数の多さに見慣れることで、家庭料理にも影響を与えたんじゃないかと思うんですよね。

山口　給食の品数と一般家庭の品数は影響しあっていると思いますね。日本人が定食に愛着が湧いて、家庭でも同じようなものを望んでしまうのも自然かもしれません。たとえば、フランスの給食は家庭と同様、前菜（あるいは乳製品）・メイン・デザートという構成。しかも、ちゃんと順番に食べるそうです。チーズはもちろんフランス産の銘柄チーズ。家庭でもコースで食べるスタイルが残っていたりして、フランス人にとても馴染みのあるスタイルなんだと思います。

佐々木　日本は喫茶店ですら、本当にメニューの選択肢や品数が多いですよね。そういう外食や給食、過去に特別に恵まれた時代の献立観を客観視して、**無理のない品数を、新たなスタンダードにしていく必要がある**でしょうね。

64 栄養は毎食パーフェクトでなくていい！

佐々木 品数問題は、いろんな味を食べたいというだけではなく、必要な栄養素を摂るためには品数が多いほうがいい、という考え方も根っこにあるように思います。

山口 給食みたいに毎食パーフェクトな栄養のある料理を作るのは、現代では難しいですよね。昼は麺だけだったから、夜はタンパク質と野菜が入ったサラダを食べようとか、**栄養は毎食じゃなくて、1日の中でもいいし、数日の単位で帳尻が合っていればいい**と思うんですよね。

佐々木 一食として完全な栄養が含まれている給食を、毎食目指さなくてもいいと。

山口 海外だと、子どものお弁当はピーナッツバターサンドとりんご1個で終わり、みたいなのをよく見かけますね。そこで全部の栄養を摂ろうとしていないというか。私も昼はパスタだけ、野菜と豆が入ったスープだけの日もあれば、一汁二菜の和食の献立を作る日もあって、その日の余裕と気分に合わせて変えています。

佐々木 栄養は1日〜数日の中で辻褄が合っていればいいし、一汁一菜の翌日に一汁三菜の日があってもいい。そういうばらつきがある中で、無理せず作れて、体調も良いと感じるスタンダードな品数を探るのがいいんでしょうね。以前は、毎日30品目食べることが厚労省から推奨されていましたが（2000年に撤廃）、人類の長い歴史で、常にそんなに豊富な種類の食べ物が周囲にあったわけではないだろうし。栄養満点でも食べすぎるぐらいだったら、控えめのほうが健康的でしょうし。

山口 食事が単に「これ食べたい！」で済まないプレッシャーの大きいものになっていますよね。でも基本的には、**自分が欲しているものを食べるのがいい**と思います。ガッツリ焼き肉を食べた次の日も焼き肉を食べたいとは思わなくて、胃腸に優しいものが食べたいと思うじゃないですか。めちゃくちゃ寒い日には、冷たいサラダじゃなくて鍋が食べたいと思いますよね。だから、栄養も頭で考えるより前に、**自分の身体に聞いてみるのが先決**だと思いますね。

65 毎日違うものを食べなくてもいい！

佐々木 品数の問題に加えて、毎日のバリエーションの問題もあります。この問題も、もしかしたら毎日メニューが違う給食の影響もあるかもしれないですね。

山口 **「毎日違うものを食べなきゃ、作らなきゃ」というマインドセット**がありますよね。だから献立にも悩む。キューバに行ったときに、6家庭ぐらいの料理を見学させてもらったんですけど、言ってみればA定食とB定食しかないんです。A定食は、ご飯と焼いた肉とサラダと黒豆のスープ。B定食も焼いた肉とサラダ、黒豆を入れた「コングリ」という炊き込みご飯。

佐々木 2つしかないし、2つともほぼ同じ材料ですよね。

山口　今日がAだったら、明日はB、今日Bだったら明日はAという。**思考ゼロで作れるご飯**しかない。貿易が盛んじゃなくて、外国から食材がばんばん入ってくるわけでもないので、手持ちのものでなんとかやってるんですよね。料理好きな家庭に行くと、もう少しいろいろ出てきたりするんですけど、基本は同じだし、地元民向けのお店で外食しても必ずそのAとBがあるんです。でも食材はフレッシュで、シンプルな味付けだから素朴で美味しかったです。そして食事自体よりも、人と一緒にお酒を飲んでしゃべるのが幸せという文化でしたね。

佐々木　パーティーで主人が料理に追われていたりしたら、怒られるんでしょうね。

山口　スペインに行ったときにはおばあちゃんがご飯を作ってくれたんですけど、1週間のそれぞれの日は違うメニューだけど、次の1週間もまた同じメニューが出てくるんですよ。それに家族の誰も文句を言うわけじゃないし、むしろ嬉々として食べてる（笑）。服のバリエーションみたいなのも同じですよね。

佐々木　ぼくは毎日同じ服ばかり着ていますが、実に快適です（笑）。ひとり暮らしなら、2日続けて同じものを食べる形がスタンダードでもいいし。厳選された**本当のお気に入りメニューだけが頻繁に登場する**形も実は嬉しいかもしれませんね。

66

料理の「型」を作ろう！

佐々木　一汁三菜でなくてもいいし、毎食別のものを作らなくてもいい。ただ、給食や定食、居酒屋のような豊富な品数やバリエーションに慣れてしまっている日本人が、キューバのような二択にすぐ戻れるかといったら難しいとは思います。今までのような過剰なバリエーションを目指さなくてもいいし、目指すべきでもないけれど、それなりのバリエーションは欲しい。そんなときに軟着陸できる折衷案を考えられたらと思います。山口さんがおっしゃっている**料理の「型」**という考え方は、そのヒントになるかもしれないと思いました。

山口　私が日々繰り返し作っている料理は、主菜、副菜合わせて**せいぜい10パターン**

ぐらいの型しかないんですよね（P225）。**作りやすく得意な料理で、食材を入れ替えながら日々充分やりくりできるものが「型」**なのかなと思います。

佐々木　食材×調理法×調味料の料理の方程式でいうと、調理法のみ、もしくは調理法×調味料が固定で、食材を入れ替えられるもの。ゆで野菜でもナムルでも照り焼きでもなんでもいいけど、食材を入れ替えて変化をつけられる調理法や味付けが「型」になりやすいのかなと思います。どんな食材でも、とりあえずはその中に落とし込んでさばける、手持ちの武器セットというか。そしてキューバのA定食とB定食ほどじゃないにしても、繰り返しその型を作っていたら**充分と感じられるレパートリー**。

山口　レシピは無限にあっても、自分や家族が好きなものは限られますからね。

佐々木　そういう味のフィルターもあり、簡単だけど美味しいとか、手順が少ないから身体で覚えられるとか、工程の要素も加味して残っていったものが「型」になるのかもしれないですね。ぼくの型になったものでいえば、葉物はお浸しにできるとか、かための野菜ならきんぴらにできるとか。味付けもレシピを見ずに覚えられるような単純なものが、型にしやすかったです。

山口 やっぱり欲張ってたくさん手に入れようとしないってことじゃないですかね。30人とはデートできないですよ。久しぶりに会ってもこの人誰だっけ？　ってなりますよね。それは料理も同じです。だから5人ぐらいに絞って毎週会うみたいな（笑）。**同じものを繰り返し作ったほうが、料理はうまくなる**ので。

佐々木 同じものを何度も繰り返し作ったほうが、火入れや味の加減のコツもわかる。いろんな種類のものに手を出していたら、**もう一度作る頃には忘れていて、レシピをまた見ないと作れない**という。

山口 同じものに飽きるときも、もちろん来ます。そうしたら、豚肉じゃなくて鶏肉でやってみようとか、ゆずこしょうを足しちゃおうとか、食材を変えたり、調味料を変えたりしてアレンジできる。それが型の強みでもあると思います。

佐々木 **自分の型を作れたら、毎日の料理はその中で回していける**。初心者の人は、まずはその型を作ることが最初の目標でいいし、最終ゴールになってもいい。そこから先を目指す必要があるかは、どれぐらい料理が好きかによりますね。

山口 この時期はこの料理にハマってたみたいなのもあるし、日々のご飯は、そのせいぜい10個の「型」が移り変わっていくことなんだと思いますね。

山口祐加の10の「型」

メイン

1. 刺身（または刺身の薬味和え）
2. 肉と野菜を1種類ずつ使った炒め物・煮物
3. 焼いた肉または魚

副菜

4. 具だくさん味噌汁
5. タンパク質入り野菜スープ
6. 具だくさんサラダ
7. 焼き野菜・ゆで野菜
8. 野菜の和え物（ナムル、ごま和え、おかか和え）

丼物・麺類

9. 炊き込みご飯、またはリゾット
10. 野菜とタンパク質1種類ずつで作るパスタ・そば

基本はご飯を中心に一汁一菜で献立を組んでいて、一食に炭水化物・野菜・タンパク質が入るように考える。タンパク質入りのスープや味噌汁があれば、それがおかずの役割も果たしてくれるので、ご飯だけでOK。メインがあるときは、余裕があれば野菜の副菜を添えて、味噌汁はあったりなかったり。炊き込みご飯や汁麺などメインになるものがあるならそれだけのときもあるし、余裕があれば副菜を作る

佐々木典士の10の「型」

メイン

肉

1 焼き物（チキンステーキ、ポークソテー、塩豚）
2 揚げ物（唐揚げ、天ぷら、フライ）
3 煮込み（肉じゃが、トマト煮込み、豚バラ大根）

魚

4 刺身
5 焼き魚

卵

6 だし巻き、オムレツ

副菜

7 具だくさん味噌汁
8 お浸し
9 きんぴら
10 酢の物

メイン＋副菜（一汁 or 一菜）という型。メインに味噌汁を付けるか、副菜の型から何かひとつを加える。肉は冷凍しておき、魚は当日食べられるときに買う。メインの味付けは塩が基本。煮込みは、夜に時間がないとき、温め直して食べる用。副菜の型は味付けがシンプルで覚えやすいもの、応用が利くもの

67 自炊のゴールは自分で設定しよう！

佐々木

他の人のレパートリーって、ともすれば料理家さんとか、インスタグラマー、YouTuberといった、ものすごく料理上手な人たちのものにしか触れる機会がないように思うんです。知っているのは自分の親のレパートリーぐらいだし、親世代の豊かなレパートリーはそのままお手本にはしにくい。親族でも仲が良い友達でも、普段その家庭でどれぐらいのレパートリーで毎日回しているのか、全然知らないんですよね。「この人、10パターンくらいのレパートリーで週に1回とか2週に1回くらい同じものを食べてるけど、なんかいいね」みたいに思える機会がない。**ちょうどよいロールモデルが探しにくい**構造だなと思います。

山口　料理家やインスタグラマーって結局、発信者だから毎日の食事をコンテンツ化する必要があるんですよね。でも**日々の料理は、コンテンツでも何でもない生活**で、トイレットペーパーを買ってくるようなことに近いですからね。

佐々木　友達が使っているトイレットペーパーの銘柄も知らないし（笑）。メイク道具でも「インフルエンサーのメイク道具じゃなくて、普通の人がポーチに入れているものが知りたい」と同じ問題意識を持っている人がいました。気を抜くと、たくさんの料理の情報に包囲されてしまう。SNSで流れてきたレシピにいいねをつけると、次から次に流れてくるし、確かにちょっといいかも、と思えたりする。

山口　『フランス人は10着しか服を持たない』（だいわ文庫）がヒットしたように、服を少なく着回す価値や、服がたくさんあること＝おしゃれ、ではないということが世間に広まったのかもしれないです。でも料理が服と違うのは、もう**レシピは「無料」が当たり前**ということ。街角で配っているティッシュと同じように、とりあえずもらっておこうかなと思うもの。でも、どれだけたくさん「いいね」されていても、実際に作った人がどのくらいいるんだろうと思ったりもします。

佐々木　仮でもいいから自分で自炊のゴールを設定しておく。そうでないと、庭で育てたハーブでサラダを作るとか、発酵調味料を自分で作るとか、料理はどこまでも憧れたりその先を目指すことができるから、キリがないこともあると思います。お気に入りの10個の型が見つかって、それで日々の「生活」としてのご飯が回せたらOK、というのはひとつのゴールとしてわかりやすいですね。

山口 型は10個でなくても、5個でも3個でも満足できたらそれでいいですし。

佐々木 精神的なゴールというのもあると思います。「冷蔵庫にあるもので作る」のが苦じゃなくなったな、とか。前島賢『限界オタクのための自炊オンライン入門マニュアル』では自炊ができることは**「外食をするより自炊をするほうが面倒臭くなくなること」**と定義していて頷けました。ぼくも外に何か買いに行ったり、外食するぐらいなら、家にあるご飯と味噌汁で済ませようとか、よく思うし。

山口 正解がわからないままひたすら走り続けていて、何が本当に必要なものなのかわからず不安、という人は料理教室にもよく来るんですよね。

佐々木 料理はどこまでも極められるし、それが魅力だけれど、ゴールを見誤ると途端に複雑怪奇なものに見えてしまう。でも**ここに挙げたようなゴールだったら、想像以上に簡単にたどり着ける**ということは伝えたいですね。

献立も「型」を作ろう！

佐々木　毎日の献立で悩んでる人ってめちゃくちゃ多いというか、料理のいちばんの悩みどころかもしれないですけど、「献立の決め方でアドバイスありませんか？」って言われたときにはどう答えていますか？

山口　やっぱり、**献立においても「型」を決めるのが楽**だと思います。一汁一菜でいい人はそれでいいいし、満足できない人は一汁二菜作ると決める。昼はパスタや麺類にする、という型でもいいですね。あとは、それを穴埋めしていく。私は基本的に毎食ご飯を食べることは決まっているので、まずはご飯があるかどうか確認します。冷凍ご飯がなかったら炊く。そこからがスタートです。

佐々木　**自分で決めた品数のうち、空いたスロットを何で埋めるか考える**作業ですね。山口さんの場合は、ご飯は不動のレギュラー。それで、ご飯をどんなメインで食べようかとなって、だんだん決まっていく。

山口　2章（P84）でも見たように、全部自分で作らなくてもいいんです。米は炊かずに「サトウのごはん」からでもいい。味噌汁だけを作ると決めて、メインはお惣菜でもいい。自分なりのハードルを下げた方法から始めればいいんです。型が有効なのは、**料理にはあまりに選択肢があって、制限することが必要**だからなんですよね。自分なりの制限、ルールを設定している人はたくさんいます。曜日で決めるのもそのひとつで、月曜日はテンションが上がる好物のパスタ、日曜日は冷蔵庫を大掃除するカレーにするとか。味付けを曜日で決めている人もいましたね。月曜日はしょうゆとみりん、火曜日はカレー味とか。燃えるゴミの前の日は魚料理をするという人もいて面白かったです。生ゴミが出てもすぐに捨てられるから。1週間のうち4日はお肉で3日は魚、と決めてもいいと思いますし。

佐々木　なんのとっかかりもないと、考えうる選択肢は無限にあって疲れてしまう。だからひとまず、叩き台としての型を設定することが必要なんでしょうね。

献立を「型」で制限しよう

一汁一菜

ご飯に具だくさん味噌汁。そして漬物という組み合わせを最低限とした献立。土井善晴『一汁一菜でよいという提案』で脚光を浴びる

米+メイン+副菜（一汁or一菜）

米を、魚やお肉のメインをおかずにして食べるスタイル。それに加えてお味噌汁やスープ、もしくは野菜の副菜をつける。２種類の料理でいいので、献立を考えるのも難しくない

上記のような型を元に、空いているところをスロットのように埋めていく。メインを決めて副菜。冷蔵庫にある野菜から副菜を考えたら、メインを決めるなど

メインから決める

１週間のうち４日は肉、３日は魚。
「燃えるゴミ」の前日は魚にするなど

曜日で献立を決める

忙しい月曜日はパスタ、週の終わりの日曜日は
余り食材でカレーなど

献立は食材テトリス

佐々木　山口さんの献立の型は、ご飯がスタート。ご飯のおかずになるメインに何を作ろうかというところから始まる。そのとき、このメインや副菜を作ろうとなる発想ってどこから来るんでしょうか？

山口　基本的に、食材も調味料も残りがありますよね。冷蔵庫に玉ねぎとかほうれん草とか、1本だけのささみとかがあって、消費しなきゃいけない。その残ってる食材からスタートすることが多いですね。

佐々木　当たり前のことのようで、自分でしばらく料理を続けてはじめて実感できたことです。賞味期限は順番に来るから、新しく買ってきたものより、**残っているも**

のをどう消費するかの優先順位が高くて、献立を考えるスタートになる。野菜なんかも今日使おう使おうと思いつつ、持ち越しまくったりしているうちに「自分しなびていってまーす」みたいなメッセージを感じ取ったりして。

山口　「わかってる、明日なんとかするから」みたいな（笑）。

佐々木　テトリスにたとえるなら、毎回まっさらな画面じゃなく、すでにばらばらとブロックが積まれていて、そこにどう組み合わせて消そうかな？　と考えるのが献立。

山口　ブロックをうまく組み合わせて、いろんな料理を作ろうとすると結構大変です。だから**単体ずつ焼いて、塩やしょうゆをかけるだけというのも消費の方法のひとつ**ですね。テトリスでいったら、1ラインずつ消していく。なんだかんだいって、シンプルな方法がいちばん美味しいこともありますし。

佐々木　初心者はブロックがうまく回転できないというか、一方向しか見えなくて、他のブロックと組み合わせるのが難しかったり。

山口　**「野菜＋タンパク質」という料理の法則は、ここでもかなり有効**で2ライン消えます。そして、**カレーや味噌汁はテトリスの長い棒**で4ライン一気に消える（笑）。友人のパートナーは、たまに料理をするときYouTubeを見て、食材を全部スーパーで新たに買い揃えるらしいです。友人は「家に残ってる食材もあるんだけど……」とぼやいていました。

佐々木 YouTubeとか料理番組って、リアルな献立決めとは全然違いますよね。本当にリアルな料理の過程を山口さんが放送するとしたら、「今日はこういう料理を作ります」ではなくて「あ、冷蔵庫に魚がありますね！　この魚で、何かしら作ります。煮てやろうか、焼いてやろうかな？」みたいになるはずで。

山口 余談ですけど、だから私はYouTubeをやめてしまったんです。みんな「唐揚げ／簡単」とか、「キャベツ／大量消費」とかで検索するわけで、それだとレシピに行きつきますよね。私は冷蔵庫にあるもので料理する方法を伝えたいのに、「これは検索でヒットしないわ〜」と絶望しました（笑）。

佐々木 料理番組でも献立を考えている頭の中を実況中継してほしいですね。その行為こそ悩んでいる人が多いことだから。作るものがきちんと決まっていて、計量済みの各調味料を入れた小皿がたくさん用意してあってみたいなのは……。

山口 あのガラスの小さい器に入れるの、家ではやらないですよね（笑）。誰か計量して、洗い物までやってくれるなら、ぜひお願いしたいけど。

70 「冷蔵庫にあるもので作れる」とは？

佐々木 「冷蔵庫にあるもので作れる」って、ある種の理想でぼくにも憧れがあったんですが、今まで検討してきたことから、もう言語化できるような気がします。

山口 冷蔵庫にあるもので作るのが難しいのは、**レシピが当てはめづらい**からなんですよね。たとえば、にんじん2分の1、玉ねぎ半分、ピーマン1個が余っていたとして、それを1品で使い切れるレシピって、すごく頑張れば見つかるかもしれないけど、なかなかない。

佐々木 どれも個性がある野菜だから、AIがいくら一生懸命考えてくれても一皿では合わせづらい野菜かも。パッと思いつくのは酢豚ぐらいですかね。

山口　でもそれも、豚肉を追加で買いに行かなきゃいけないかもしれないし。

佐々木　ぼくが料理に再入門する前だったら、野菜炒めしか思いつかなかったかも。

山口　先ほども言ったように、もし困ったら、ひとつひとつの食材をただ切って焼けばいいというのは、根っこにあっていいんです。

佐々木　より料理らしく作るとすると、ひとつは**法則を基に料理を作ること**かなと。「野菜＋タンパク質」の法則で、ピーマンを焼き、じゃことしょうゆをかけるとか。

山口　玉ねぎも、薄く切って水にさらして、かつお節＋ポン酢でもいいし。

佐々木　過去に作ったことがなくても、法則を基にすると何かしらできる。もうひとつは、**自分のいつもの「型」に落とし込むこと**。ピーマンとにんじんで、きんぴらにしてみようかとか、玉ねぎとにんじんはもう味噌汁でいいかなとか。

山口　余り物の一掃メニュー（P262）も効果的だし、無理に消費しなくてもかまわない。にんじんは切って冷凍しようかとか、そういう判断でもいいんですよね。

佐々木　「冷蔵庫にあるもので作れる」ようになるには、料理のインプットや引き出しが膨大になきゃいけないと思ってました。でも、こういう風に言語化すると、**最低限身につけてきた装備で「冷蔵庫にあるもので作る」は実現可能**なんですよね。

71 それでも献立決めに迷ったら

佐々木　献立決めにおいて、メインがこってりして重かったら、副菜は軽くするとか、メインが白身魚で軽いなら、副菜はこってり味でもいいみたいな。**重い×軽い、味が濃い×薄いとか、組み合わせのバランス**を考えたりしますよね。

山口　それはありますね。私も無意識のうちに考えていると思います。メインが味噌味だったら、味噌汁じゃなくて別の汁にしようかなとか。

佐々木　味付けのバリエーションが欲しいですよね、メインが甘辛味だったら、酢の物でさっぱりとさせるとか。

山口　とんかつにシーザーサラダがついてきたら、ゴテゴテで疲れますからね。だからとんかつ屋には、キャベツにかける青じそドレッシングとか、さっぱり系ドレッシングが置いてあるんですよね。シーザーサラダを食べるなら、レモン風味のチキンステーキなんかはバランスいいなと思います。

佐々木　おかずのひとつはコンロで、もうひとつは電子レンジで作るとか、**調理方法から考える**という人もいました。火口も使える数が決まっていますもんね。

山口　佐々木さんみたいにミニマルなライフスタイルだと使える皿が限られてるから、それにのせられるものを作るみたいなのもありだと思いますし。

佐々木　この間まで本当にそうでしたね。小鉢が1種類しかなかったんで、副菜は2つ作れず、**皿から限定**されてたんですよ。**彩りで献立も考える**というのもありますよね。赤、緑、黄、白、黒／茶の「五色」のバランスとか。

山口　彩りはいちばん最後に考える要素だと思いますけどね。器の色である程度カバーできるものですし。

佐々木　今日は全体的になんだか茶色いな……という日も味わい深いのかも。

山口　私もいろいろ意識はしていても、結果として「なんか味噌炒めと味噌汁になっちゃった、あはは」みたいな日もあって。それも気にしないんですけど（笑）。

メインと副菜の組み合わせ技

重さや味の濃さを分ける

メインが重ければ、副菜は軽めに。その逆もアリ。
ボリュームや食べ心地、塩味のバランスを意識する

調味料を分ける

味噌味×味噌味、甘辛味×甘辛味などにならないように
重なりを避ける（重なってしまった日はいとおかし！）

調理器具を分ける

火口の数は限られているので、メインをコンロ、副菜を
電子レンジや生食など、調理する器具で分ける

彩りのバランス

食材を選ぶときに。難しければ器でカバーする方法も

72 献立はいつ決めましょうか？

佐々木　献立をいつ決めるのがその人にしっくりくるのか、結構違うんじゃないかなと思って。山口さんは、**作る直前に「今自分が食べたいもの」を優先**。それもすごく素敵だと思います。料理がちょっと億劫でも「あれ食べたい！」に背中を押されそうだし。ぼくは事前に作ってみたいものをメモしておいて、それを作ることが結構あります。たとえばスパニッシュオムレツを作ってみたいとか、山口さんがよく作っている、なめこの味噌汁を作ろうとか。

山口　私もメモしたりしますよ、これ作りたいって。

佐々木　献立に悩んでる人は作る直前に「晩ご飯、何にしよう？」ってすごく焦ってる印象がありますね。ぼくがそうですけど（笑）。そのバタバタの状態がストレスになっている人は、もう少し**事前に献立を考える時間を作る**のもいいんじゃないかと。和田さんは、いつどうやって献立を決めるんですか？

和田　平日は考えたり、スーパーに行ったりする余裕がないので、5日分の献立を一気に考えています（週末は外食中心）。1冊のレシピ本に5枚のふせんを貼って、まとめて買い物へ。毎週違うレシピ本を選んで、寒い時期はスープ系、夏はカレーの本とか。担当書の試作をしたり、バズったレシピを試すこともありますが。

佐々木　レシピ本編集者の鑑や……。今まで話してきたことからすると、なんだかごめんなさい、という感じですけど（笑）。

山口　あんまり聞いたことがない方法ですね。

和田　5日間の割り当ては気分で変えられるし、食材が残らないし、習慣化して5年くらいこの方法です。でも、もう少し自由に作りたいとも思いますね（笑）。

佐々木　食べる直前に献立を決める方法とは、対極かもしれないですね。その両極の中で**今食べたいものを優先したいのか、準備しておいて安心したいのか**という自分の性質に合わせて、ちょうどよいポジションを取るのがいいのかも。

73

旬しか勝たん！

佐々木　先ほどもお話ししたように、山口さんは「今、自分が何を食べたいか」ということを優先している。自分の心の声を大切にしてあげるというか。

山口　そうですね。買い物に行くときはいつも「何食べたいかな？」と考えながら行きます。でもそれも決め打ちじゃなくて、実際に食材を見てみないとわからないいんですよ。「〇〇を食べたい」と思っていても、やっぱり値段がいつもより100円、200円高いことってよくあるじゃないですか。それを買うのは不経済だし、他のものに変えたりもするから、完全に決め打ちしていてもあんまり意味がないんですよね。

佐々木　「今日これが食べたい」に、必ずしも値段が見合わないこともある。

山口　お金にものすごく余裕があるんだったら「食べたいものを買えばいいじゃん！」なんですけど。値段が想定より高いということは、旬からずれてきているということでもあるんですよね。「今日はどうしてもアスパラガスが食べたい！」と思って買うこともありますけど、**旬からずれているものは味も落ちる**んですよね。そして私自身は、できれば国産のものを買いたいと思っています。旬が外れたオクラも買うことはできるけれどタイ産だったり、アスパラガスもメキシコ産だったりします。フードマイレージ（食材の量と生産地から消費地まで輸送される距離をかけ合わせたもの、環境負荷を評価する指標）のことを考えると、わざわざ旬外れにメキシコから持ってきたものを食べなくても、とも思うんですね。

佐々木　旬の食材だけを買ってやりくりするのは、**不自由なようでいて、献立を制限するうえでも有効**かもしれないですね。旬の間に同じ食材をしばらく使えば料理も上達する。そして季節が変われば、食材も必然的に変わる。見たことがない魚が並べば、それを使ってみたり。旬を意識することで献立がうまく制限できることもあれば、自然に広げていくこともできそうですね。

代表的な旬の野菜

春

- 菜の花
- 春キャベツ
- 新じゃがいも
- アスパラガス

夏

- トマト
- きゅうり
- なす
- ピーマン
- ズッキーニ

秋

- さつまいも
- れんこん
- きのこ
- にんじん

冬

- 大根
- 白菜
- ほうれん草
- 小松菜
- 長ねぎ

旬から献立をスタートするのも手！

家でやらないことを決めよう！

山口　私、とんかつを家で揚げたことがないんです。揚げ物自体はするんですけどね。

佐々木　どうしてですか？

山口　私が大好きなとんかつは、衣がめっちゃ立ってるとんかつなんですよ。それを作ろうと思うと本当に油をボトル1本分ぐらい使うんです。それに1枚のとんかつを揚げるのに、卵1個もいらないし、パン粉もたくさんいらない。だからとんかつは、たまの贅沢に外で食べることにしています。

佐々木　自炊をテーマにしたコミックエッセイ『池田暁子の必要十分料理』（トランスビュー）では、家でやらないことを「揚げない、こねない、包まない」と明確にしていました。ぼくは揚げ物はあまり苦に感じず、ごちそう感も簡単に出るので大事な型のひとつに感じています。でも家で作らず、外食に取っておくものがあると、**外食の楽しみも増える**かもしれないですね。

山口　やはり、家の中の料理と外の料理は分けて考えたほうがいいと思います。レシピが必要なほど複雑なものは、私は家ではあまり作らないんですよね。

佐々木　それも有効な制限のひとつですね。レシピが必要なものは作らない。やらないことを決めると無限にある**献立の選択肢を制限できる**。ぼくは調味料をたくさん置きたくないので、スパイス料理やアジアン料理は、外食で楽しもうかなという感じです。でもそれもいずれ変わっていくというか、家では揚げ物をやらないという人も、子どもができたら、子どもたちが大好きだからという理由で揚げ物を始めるかもしれませんし。

山口　私もとんかつは、家族がいたら違うだろうと思います。4人家族で1人2千円のとんかつ定食を食べに行ったら、8千円かかっちゃいますからね。

佐々木　ライフステージによって料理の型も、やらないことも少しずつ移り変わっていくんでしょうね。

家で全部やろうとしない

和食に絞る

中華、フランス料理などは作らない

調味料を絞る

さまざまなスパイス、各国の調味料に手を出さない

調理法を絞る

揚げない、こねない、包まない

外食で楽しむものを決める

とんかつ、お菓子はプロの味を楽しむ

レシピを見ずに作れるものに絞る

レシピが必要になる複雑な料理は、日常で作らない

75 「やる気がない」にエスケープラン！

佐々木 山口さんでも献立で悩むことはあるんですか？

山口 悩むことはあまりないんですよね。でも悩まないのは、どんな料理でもパッと作れるということより、私が都会に住んでいて、いつでも好きに外食できるという要素が大きいと思います。献立が思いつかないとか、時間的に無理だと思ったら外食という選択肢がすぐ取れちゃう。あとは、夫も偏食じゃないし、なんでも食べてくれるので、自分が食べたいと思うものを作れることも大きいですね。子どもがいたらまた状況が違うと思います。自炊をメインにしていると、1日ぐらい自炊しなくても、食材もいきなり腐るわけじゃないから明日やればいいし。

佐々木 どうしても「何もやりたくない」という日もありますからね。

山口 ポルトガルの家庭にお邪魔したときに**「エスケーププラン」**という考え方を教えてもらったんです。料理が面倒なときは、イワシ缶を開けてパンに挟んだものを食べて終わりにするそうで、とってもいい考え方だなと思いました。

佐々木 どうしても料理するエネルギーがなかったり、献立が思いつかないときに取れる選択肢が決まっていると安心感につながるかもしれないですね。一汁一菜（ご飯＋具だくさん味噌汁＋漬物）も、最低限それさえあればいいということがエスケーププラン的な役割なのかもしれない。ドイツのカルテスエッセン（冷たい食事という意味。パンにハムやチーズやピクルスをのせて食べる）を真似してもいいかもしれないし。

山口 冷凍ドリアとか冷凍餃子でもいいですしね。めちゃくちゃ疲れたときなんかは、**もう献立という概念を捨てたほうがいい**とも思います。とりあえず食べられるものを何か食べることが重要で、最低限のレベルを自分で受容する。献立を立てるのは、特に初心者にとっては労力がかかることだから、見栄えのする献立にすることは、もっとずっと後に考えればいいことだと思います。

76 料理上手が買い物するときに考えていること

佐々木　買い物の「型」も気になります。初心者だと、自分の料理の型やしっかりとした定番のレパートリーがまだあるわけではない。そうなると、作りたい料理を決めて必要なものをリストアップしてから買い物に行く、そういう形がスタンダードなんですかね？

山口　初心者はどうしてもそうなりがちだと思います。それを繰り返していくうちに勘どころをつかめた人は、買い物リストも作らず、レシピ検索もしなくなる。**いろいろな料理に応用できる肉、魚、野菜をとりあえず数種類買ってこなしていく**という感じに変化するんだと思います。

佐々木　確かに、ぼくもそういう買い物の方法に変わってきました。最初は、自分がどんな野菜の味が好きかとか、どの野菜が使い回しが利くものなのかもわかっていなかった。そこから小松菜の味噌汁も煮浸しも好きだとわかって、よく買うようになったりとか。そうやって自分なりの定番の食材みたいなのができるんでしょうね。山口さんが買い物に行くときは、どんなことが頭の中にあって向かうんでしょうか？　家にある食材も頭にありますよね？

山口　ありますね。でも全部覚えているわけじゃないんです。「長いもと玉ねぎはあったな」「長いもはそろそろ使っちゃいたいな」ぐらいの意識です。基本的にレシピのことは全然考えていないですね。そもそも自分が今まで作ってきたもので、**レシピ化しているものもごく一部で、経験として記憶しているだけ**です。SNSとかに写真は残っているんですけど。新しい組み合わせを試すこともありますが、基本的には定番のものを作ります。

佐々木　「これを作る」と決めて買い物に行くわけでも、レシピが頭にあるのでもない。

山口　何が食べたいかは常に考えてはいるんですけど、先にも話したように、旬や価格の変動も要素として大きいですからね。だから今日の特売品とか、おつとめ品とか、安いものを買ったりします。何を作るかも考えずに食材を買って帰るパターンもありますし、アスパラガスを買ったら豚バラで炒めようかなと、その場でゆるく献立も考えて、豚バラもとりあえず買うみたいなパターンもありますね。あとは、何にでも使い回しが利いて、あっても困らない卵とか豆腐を買って、みたいなパターンが多いですね。そういう汎用性の高いタンパク質と旬の野菜と、日持ちがする野菜と肉魚。そんな感じでやりくりしてます。それで食材が減ったら、また2、3日分の食材を買いに行くという形ですね。

佐々木 ちりめんじゃことか常備食材が切れていたら買って。そうやって手に入れたものと、家にある食材が出会い、**料理の法則や自分の型に落とし込めば、レシピはなくても料理ができる**。山口さんの買い物に同行させてもらいましたけど、とにかく決断が早いですよね。献立もすぐ決まるし。

山口 「もうカゴに入れちゃったしな」という勢いのときもあります。

佐々木 まったくの初心者は「何をどれぐらい買ったらいいのか全然わからない」という状態の人もいます。料理上手の人に買い物からついて行ったり、どんなことを考えながら買うのか、教えてもらうのも勉強になるかもしれませんね。

ちょこちょこ買いのススメ

佐々木 買い物に行く頻度は、週1まとめてという人、毎日行く人もいれば2、3日に1回という人もいるでしょうし。それぞれ事情もあってバラバラとしか言いようがないのかもしれないけど、どう思います?

山口 もちろん、すでに買い物の型ができていたら、それに合わせてでいいんです。でも**買い物の頻度が料理の楽しさに影響する**ことは、大いにあると思いますね。私のVoicyのリスナーさんで、今まではまとめ買いしてたけど、ちょこちょこ買いに変えたらすごく料理が楽しくなった、という方がいました。時間をセーブするという合理性を取ると、宅配とか週1まとめ買いになりますよね。だけど食材は買った時点から、もっと言うと**野菜は畑から引っこ抜かれた時点からゆっくりと鮮度が落ちていっている**んですよね。それを家に置いておくと、さらに少しずつ鮮度が落ちていく。食材はエネルギー的なものを持っていて、1週間経ったトマトはやっぱり皮がぷにぷにになってくるし、それを見てもワクワクしなくて当然なんですよね。

佐々木 確かに食材が新鮮じゃないと「これを使って料理したい！」というものではなくて、**消費しなきゃいけないものになりがち**かもしれませんね。

山口 だからスーパーは「大きな冷蔵庫」だと思うのがいいですね。

佐々木 必要になったら、そこまで取りに行くという。

山口 そうして鮮度のいいものを、2、3日に1回ぐらい買ってきたほうが最初はいいと私は思います。それできちんと使い切れる練習をする。

佐々木 初心者の人は食材テトリスがうまくないわけだから、食材がたくさんあると、組み合わせでも悩んでしまいそうですもんね。

山口 食材が少なければ、それを消費しなきゃというプレッシャーも少ないですからね。少なめの食材を単体で消費したり、野菜＋タンパク質という2つぐらいの組み合わせで料理を作っていくのが、初心者には向いていると思います。あとは、私はおつとめ品をレスキューするのも好きです。

佐々木 レスキュー？

山口 夕食の献立が思いつかないとき、とにかくおつとめ品コーナーに突入して「ここにあるもので、今日はなんとかするぞ！」とよく考えます。**今日買わないと捨てられちゃうものを私が救うから、レスキュー**と呼んでいます（笑）。たとえば、去年の夏は閉店間際のスーパーで半額になっている甘鯛を見つけました。半身で通常価格は980円。その価格であればスルーするんですけど、高級魚の甘鯛が490円で食べられるなら買いだ！　と思ってレスキュー。少し品質が落ちてきて臭みがあったので日本酒と塩でマリネして臭みを取り除きました。それを焼いたり、スープにしたりして。めっちゃ美味しかったし、安くて大満足でした。レスキューは財布に優しいだけじゃなく、なんだか誇らしく感じられるところも気に入っています。

佐々木 ちょこちょこ買いを意識して、スーパーにたくさん足を運べば、それだけ頻繁にレスキューすることもできますね。

最小単位で買おう！

佐々木 ついつい買いすぎて、食材をダメにしてしまうことってありますね。ぼくも産直市に行くと、野菜が安くて嬉しくなって買いすぎてしまったり。

山口 それで、鮮度が失われてやる気がなくなったり、**食材をダメにしてしまった罪悪感**で自炊から離れがちになったりするんですよね。だから、まずは**多少割高でもできるだけ少ない分量から買う**ことをすすめます。1～2人暮らしなら、キャベツは1玉ではなく半玉や4分の1、にんじんも3本ではなく1本。

佐々木 まとめて買ったほうが経済的だから、ついついキャベツ1玉のほうを手に取りたくなります。でも確かに2、3日に一度の頻度で買い物するなら、その間にキャベツ1玉もなかなか消費できないかもしれないですね。

山口 同じ食材を使い続けるのにも、飽きちゃったりしますからね。

佐々木 何か計画を立てるとき、想定した時間よりも、実際は2倍とか3倍かかるといいますよね。原稿もそうですけど（笑）。それぐらい、**人は「自分はこれぐらいこなせる」という能力を見誤る。**食材を使い切れる量も同じで、少量ずつ買って食材が新鮮なうちに使い切ったほうが結果として経済的、ということはよくありそうです。**鮮度に課金**している、と考えるのもいいかも。

山口 調味料についても、私は小さいサイズのものを買います。常備していない調味料、マヨネーズやソースが必要なときは、コンビニに売っているような小さいサイズのものを選びます。ドレッシングも最後のほうになると味に飽きてしまうし、賞味期限も短いので、自分で油、酢、塩を混ぜて作っています。その日の気分でマヨネーズやマスタードを足せばアレンジも自在ですし。○○のたれみたいなものもあまり買いません。その類で家にあるのは、めんつゆとポン酢くらいですね。

佐々木 食材の使い切りがうまくなったら、まとめ買いもいいかもしれない。でも初心者は最小単位を意識したほうが、失敗が少ないのかもしれません。

買い置きするならこの食材

佐々木 料理に慣れていないうちは、買い物はなるべく少量ずつで頻度を多めにする。そのうえで買い置きしたり、常備するものでおすすめはありますか？

山口 野菜でいうと、じゃがいも、玉ねぎ、にんじんの通称**「じゃが玉にんじん」は保存できる期間も長いですし、いろんな料理に使えて汎用性が高い**ので、買い置きしておいても損はないと思います。

佐々木 普段から出番も多いし、味噌汁でもカレーでもいいけど、いざとなったら消費するのも簡単な野菜たちですよね。

山口 じゃがいもと玉ねぎはけっこう持ちますが、にんじんは油断しすぎると黒ずんでいくので、早めに使うといいかも。冷凍野菜も昔に比べてだいぶ進化しているので切る必要もないし、食べる分だけ使えるので買い置きにはいいと思いますよ。「野菜＋タンパク質」法則の、タンパク質を担う食材もおすすめです。具体的には、**油揚げ、ちりめんじゃこ、ベーコン。どれも冷凍ができるし、使いたいときに少量ずつ使えます**。ちりめんじゃこ、ベーコンはそのままでも生の肉魚より**保存が利きますし、旨味と塩味を補ってくれます**。油揚げはタンパク質が豊富で、肉や魚がなくても栄養を補えます。野菜にこれらの食材を合わせるだけで1品できるので、常にあってもいいと思います。

佐々木　カットして冷凍した油揚げは、味噌汁や煮浸しを作るのにも簡単だし、ちりめんじゃこもお浸しや、パスタなんかにもパラッとかけたりできて便利ですね。

山口　あとは**豚バラ肉や、唐揚げサイズに切ってある鶏もも肉、干物も冷凍におすすめ**です。豚バラ肉や鶏もも肉は、炒め物や煮物など使い道が多いし、干物はそのまま焼けばその日のメインが完成です。魚焼きグリルなんて使わなくても、フライパンで充分美味しく焼けますよ。

佐々木　「俺達がいればなんとかしてやる」という頼もしいメンバーたちですね。

買い置きすると頼もしい食材

常備して損はない野菜

日持ちして、さまざまな料理に使える汎用性がある

- じゃがいも
- 玉ねぎ
- にんじん

タンパク質を補える素材

少量でも旨味が強く、野菜と合わせると簡単に一品できる

- ちりめんじゃこ
- 油揚げ
- ベーコン

冷凍に便利なメイン食材

使い道が多く、さまざまな形でメインを張れる

- 豚バラ肉
- 鶏もも肉（カット済）
- 干物

80 余り物の一掃メニューを持とう！

佐々木　余った食材を一掃できるメニューがあると、食材テトリスがはかどるし、献立の悩みも薄くなりそうです。一掃メニューの二大巨頭は味噌汁とカレーかもしれませんが、もう少しあるとお守りとして心強そうです。キムチ鍋なんかもいいかも。

山口　ミネストローネもそうですね。

佐々木　一掃メニューの特徴として、トマト、カレー、キムチのように**強めの味ですべてを呑み込んでくれる**ことが挙げられそうですね。

山口　ヨーロッパではいろんな具材が入ったフリッタータ（厚焼オムレツの一種）もよく使われていました。卵が合わない食材というのは少ないですからね。

佐々木　オムレツの卵みたいに**いろんな食材をつなぐ料理法**も、一掃メニューに使いやすそうですね。そういう意味ではチヂミやお好み焼きも良さそう。

山口　かき揚げもいいですね。

佐々木　**食材を小さめに切ると、それぞれの存在感が薄まる**から、一緒くたにしてもまとまりやすいという。

山口　れんこんみたいに特徴的な野菜でも、細かく切って入れたらわかりにくくなるし。

佐々木　山口さんが『ちょっとのコツでけっこう幸せになる自炊生活』で紹介していたキーマカレーもいいですね。ひき肉を使ったものがキーマカレーらしいですが、ひき肉がなければドライカレーと呼んでもなんでもいいけど、ざっくりいうと「水分少なめで作った具が小さいカレー」ぐらいの認識でいいし。

山口　イタリアのプーリアという州の食堂のおばちゃんに教えてもらったんですけど、野菜をぜんぶ一口大に切って、オリーブオイルとにんにくを入れて混ぜてオーブンで焼くと言ってました。オリーブオイルとにんにくもオールマイティなんですよね。オーブンを使わなくても、フライパンで弱火でじっくり焼けばできますし。

佐々木　こういった条件を満たせば、一掃メニューは自分で編み出せそうですね。

余り物一掃メニューの条件

- **パンチの強い味で全体をまとめる**
  カレー、キムチ鍋、トマト煮込みなど
- **食材を小さく切り、個性を弱める**
  ミネストローネ、キーマカレー、かき揚げなど
- **つなぎとなる食材で、全体をまとめる**
  オムレツ、チヂミ、お好み焼きなど
- **どんな食材とも合いやすい味付け**
  にんにく、オリーブオイルで炒めるなど

目指せマンネリ！

山口　自炊を始めてしばらくした人から「作る料理がいつも同じで、マンネリに感じる」という悩みをめちゃくちゃ聞くんです。でもまずは自分が本当にその状態を脱出したいのか、改めて考えてみることは大事だなと思っています。食において、いつもと違うものを歓迎するタイプなのか、新しいものは恐る恐る食べる保守的なタイプなのか、結構バラバラですからね。

佐々木　自炊のゴール設定（P227）でも見たように、自分でゴールを決めないと、永遠に新しいものを探し続けることにもなりかねないし。

山口　**マンネリと定番って紙一重**なんですよね。同じカテゴリーにいるからマンネリと言うか、定番と言うかの違いだけがあるという。

佐々木　**自分の型、定番ができていないうちは、マンネリだとすら感じられない**ですからね。だから初心者にとっては、**マンネリ化することがひとつの目標**といってもいいのかもしれない。目指せマンネリ！

山口　マンネリ化した状態から、さらに料理を追求する時間は普通に生きていると、なかなか持てないと思うんですよね。だからいつも同じに感じて飽きを感じる。もちろんそういうときにレシピは有効です。でも本当は、**料理の味なんて毎日違うはず**なんですよ。味噌汁を作るにしても水分量も味噌の量も本当は少しずつ違うから。同じだという気分で食べていると、同じだと思ってしまうだけというか。

佐々木　三浦哲哉さんと有賀薫さんの対談で、人間の嗅覚は何十万種類のにおいを嗅ぎ分けられるから、同じ味噌汁に見えても本当は毎日少しずつ違う、スナップ写真のように1枚も同じものがない、と言われていてとても素敵だと思いました。

山口　名もなき料理には勝手に名前を付けられるけど、いつもと同じ料理にも名前を付けるのもアリです。肉が安かったら「半額スペシャルです」とか。

佐々木　名前を付けると、料理ひとつひとつが特別であることがわかりやすいですね。

82 「またこれ〜？」にはこう返そう！

山口　料理を作ることは、人に食べさせることとセットになりがちですよね。だから、定番料理が、子どもに「またこれ〜？」とか言われてしまったりもする。

佐々木　「またこれ〜？」って記憶にはないけど、子どものときには無邪気に言ってしまっていたかもしれません。今まで見てきたように、子どもたちは、給食で毎日違うものを食べているという影響もあるのかもしれないし。

山口　でも毎日違うものを食べさせても、それはそれで文句を言うんだと思うんですよ。

佐々木　レシピサイトで検索すれば、毎日別の料理を出すことは可能ですよね。レシピはほぼ無限にあるし、飽きないかもしれない。でもほっとする家庭料理を考えたときに、一度しか出てこなかった料理ではないはずで、何度も食べてきたもののはずですよね。ぼくがよく思い出すのも、お弁当にいつも入っていたけど、むしろそこまで好きではなかったメニューだったりしますし。

山口 フォロワーさんに、家族から「またこれ〜?」と言われたときの反応はどうしますか? って聞いたことがあります。方向性は2つあって、ひとつはキレる。

佐々木 どストレートな反応(笑)。

山口 もうひとつは**「文句があるなら自分で作ってね」**と言うこと。これには正当性があると思いますね。不満があるなら何か買ってきてもらってもいいし、「自分で作る選択肢はないの?」と私なら聞きますね。もし文句を言っているのが夫なら、その男性も料理してみたほうがいいと思います。**作ってる人の気持ちがわかれば「またこれ〜?」なんて言えない**ですよね、絶対に。

佐々木 「料理やってみ、マンネリになるから」っていう。

山口 夫が会社で働いて主にお金を稼いでいたとして、「こんなに俺は外で頑張って家に帰ってきたのに、また同じメニューか」って思っちゃうのかなぁ。

佐々木 妻が専業主婦かつ料理が大好きだったら、まだギリギリわかるというか。

山口　本当にそう思います。でも**「料理は作る人がいちばんえらい」**というのは、家族の中で共有されていたほうがいいですよね。

佐々木　料理を作るようになってわかったことですが、他の家事が束になってかかっても、**料理を作る労力には敵わない**と思うようになりました。だから、ゴミ捨てとか風呂掃除ぐらいで、家事を分担してる気になってはいけないよと……。

山口　あとは、できればキレるんじゃなくて、話し合ったらいいと思うんですよ。「またこれ？」は掘り下げると、本当に文字通りの文句じゃない場合もあると思うんです。家の中では人に甘えたいみたいな気持ちって、子どもに限らず誰でも持ってる気がするんです。誰でもこんなものが食べたいという欲求を叶えてくれたら嬉しいじゃないですか。だから「またこれ？」はただの甘えの表現で「嫌だ、食べたくない」って言っているわけではないかもしれない。「またこれ？」って言われたら**「またこれなのよ～」って返す**のもいいですし。「これじゃなくて、どんなものが食べたいの？」って聞いても新たな話題が生まれそうですし。そして子どもにとっていちばん重要なのは、親の機嫌がいいことだと思います。最終的には料理の味やバリエーションなんて、二の次なんですよね。

4章　献立の壁　まとめ

- 現代の事情に合わせた、スタンダードな献立を模索する必要がある
- ひとつの目安として「メイン＋副菜（一汁 or 一菜）」を提案したい
- 給食のように毎食パーフェクトな栄養を摂らなくてもよく、数日の単位で帳尻が合わせられればよい。身体からの声も大切に
- 毎日違うものを食べるのは、世界的に見ても例外かもしれない。厳選したお気に入りメニューがもっと頻繁に登場してもいい
- 料理のレパートリーは10個程度の「型」があればよい。作りやすく得意な料理で、食材を入れ替えることで、日々のご飯が充分にまかなえるのが「型」。「型」を作ることは自炊の最終到達点として考えても構わない

- 発信者のレパートリーは豊富すぎるので
  自炊のゴールは、自らで設定する

- 献立作りの基本は、自分が決めた「献立の型」を埋めていく作業

- 献立は「食材テトリス」。賞味期限が近いものからうまく消費する

- 「冷蔵庫にあるもので作れる」状態は左記の2つの組み合わせ
  ①料理の法則を基に、料理をボトムアップで作れること
  ②レシピを見ずに作れる、いつもの型に食材を落とし込めること

- 主菜と副菜で、重い×軽いという組み合わせにしたり、
  使う調味料を変えたり、彩りを考えるとバランスが取れる

- 献立を考えるタイミングは「今食べたいものを優先する」ことと
  「焦らないように事前に決める」の間で、心地よいポイントを探る

- 旬は安く、美味しく、レパートリーを制限&拡張もできるので最強
- 家でやらない料理を決めると献立が制限でき、外食の楽しみも残せる
- どうしてもやる気がないときの「エスケーププラン」を用意する
- 買い物の頻度は上げたほうが、鮮度もよく料理が楽しくなることもある
- 野菜や調味料は、最小限の単位で買って使い切る練習をする
- 買い置きするなら、野菜は保存期間が長い「じゃが玉にんじん」。旨味が足しやすい「油揚げ、ちりめんじゃこ、ベーコン」も便利
- 余り物を一掃できるメニューを持っておくと心強い
- マンネリと定番は紙一重。そして本当は、料理は毎日違う味をしている
- マンネリ料理を食べる人も、作り手の事情を把握しておこう

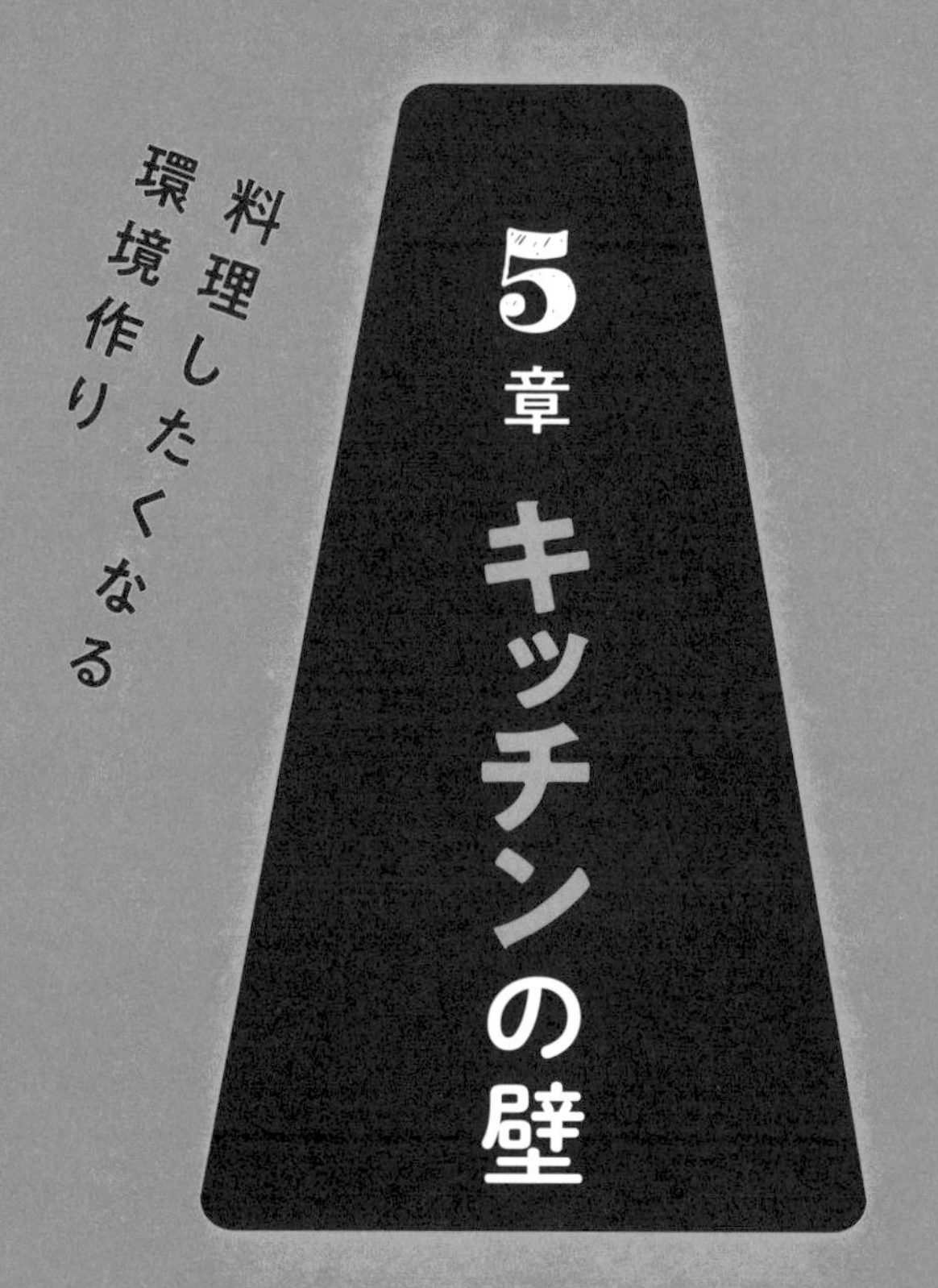

5章 キッチンの壁

料理したくなる環境作り

狭すぎたり、清潔でないキッチンでは
料理したくなくなるかもしれません。
皿洗いが面倒すぎても、
自炊から離れてしまうかもしれません。
料理も片付けもしやすくなる環境作りのヒントを考えます。
そして「めんどくさい」の先にある意義を
大切にすることができれば、
家事はあなたを支えてくれるものになるかもしれません。

83 たとえキッチンが狭くても

佐々木 キッチンが狭すぎて、作業の効率が悪くて料理する気にならない、という問題がありますよね。都会のひとり暮らし向けのキッチンが最たるものだと思うんですけど、コンロ横にまったくスペースがなくて、いきなり小さなシンクがあるだけという。新しいことを始めなきゃいけないときに、それを環境が後押ししてくれない。キッチン環境で自炊が敬遠されてしまうこともありそうです。

山口 それはネガティブにもポジティブにも捉えられると思っているんです。ネガティブに捉えれば「まな板どこに置くの?」「このキッチンを設計した人、料理したことないの?」って思っちゃいますよね。でもポジティブに考えると、最低限だけど、**日本ではきちんとどの部屋にもキッチンが備え付けられている**とも言えます。台湾、韓国、香港の一部、特に首都圏ではもう自炊をしなくて、朝昼晩、全部外食です、みたいな家庭も普通にあるんですよね。台湾にしばらく住んでいた人に聞いたんですけど、食卓を囲んだことではなくて「あの屋台にみんなでよく食べに行ったよね」というのが家族の思い出になっていたりするみたいなんです。だから日本は、たとえ狭くても挑戦できる環境が揃っているだけまだ素晴らしく、世界有数の自炊大国といえるかも?

佐々木 ぼくは、コンロは二口以上ないとダメとか、調理できるスペースが最低何センチ以上ないとダメとか法律で決めておいてほしいぐらいに思っていました。でも確かに、昔みたいに風呂がない部屋がほとんどなくなったのと同じで、最低限のインフラとして整っているともいえますね。以前、ぼくと山口さんで開催したトークイベントに来てくれた人が、その極小キッチンで「ご飯を炊くのと、あらゆるものを入れた汁物だけを作ることにたどり着いた」と言っていましたね。その方はレパートリーを増やしたいとも思われていたみたいですが、コンロが一口しかなければ、かぼちゃの煮物でも作ったら、それだけで終わってしまう。それだったら汁物のほうが栄養も摂れるし、ご飯とも組み合わせやすい。

山口　「足るを知る」マインドセットで、**自分の家のキッチン環境で、できる範囲の自炊から始める**のはいいと思います。良くも悪くも複雑なことはできないから。

佐々木　狭いキッチンもポジティブに捉えると、選択肢を制限してくれるものではありますね。一汁一菜でいいとか、一品ずつ作るしかないから慌てなくて済むかも。それでもっといろいろな料理をやりたくなったら、もう少し広いキッチンのある家に引っ越したりもしますもんね。部屋選びの基準で、キッチン環境が占める割合はかなり大きいと思うし。

山口　広ければいいのかっていうと、そうでもないですからね。私の家のキッチン（P280）は、料理家にしては小さいですけど、2人暮らしには絶妙なサイズ感だと思ってます。アメリカみたいに、そこで生活できそうなぐらい広いキッチンに、五口ぐらいコンロがあっても使いこなせず、掃除も億劫になって料理から離れてしまうこともありますから。ビギナーは狭いキッチンでミニマルな自炊を覚え、2人暮らしになったり、引っ越してキッチンが広くなれば、それはそれで料理の幅を広げていく、そういうステップアップでいいんじゃないかなと思います。

キッチン選びはここを見る！

佐々木 キッチンにはさまざまなタイプがあって、選ぶ際にも迷いそうです。山口さんは、キッチンをどんな理由で選んだんですか？

山口 私はガスのほうが好きなので、まず火口がガスであることですね。

佐々木 電気コンロのキッチンを使っていたことがあるんですが、温まった後に火加減の調節がしづらいのが難点でした。ガスとＩＨって、どう違うんですかね？

山口 ガスだと火力調整が直感的に細かくできて、食材を炙れることも魅力です。一方、ＩＨは火力を一定に保てるので揚げ物が上手にできます。

佐々木 ぼくもガスですが、弱火にしていたら消えちゃったりすることがありますね。あ

山口　とＩＨは五徳がないので、掃除がしやすそうだなとは思います。ＩＨは小さなお子さんがいるとか、年配の方が使うには、安全性の面で優れているでしょうね。私もそこはすごく微妙なところで、めちゃくちゃ気に入った家のキッチンがＩＨだったら、ガスは諦められるかもしれないです。

佐々木　コンロの数についてはどうでしょう？

山口　まず二口あれば大丈夫だと思います。そのうえで、もう少しわがままを言っていいのであれば、ガスコンロは縦や斜めに二口並んでいるものよりも、横に並んでいるほうが鍋の持ち手が干渉して熱くなったりしないので、使いやすいです。

佐々木　他にどんな条件を優先しますか？

山口　私にとって、優先順位が高かったのは動線ですね。冷蔵庫から食材を出す→シンクで洗う→まな板で切る→コンロで火にかけるという**動線が一直線になっている**のが私の理想なんです。だから冷蔵庫を置ける位置は大事なポイントでした。冷蔵庫から食材を取ったら、洗ったり下処理をするシンクに一歩で行きたい。その流れが一方向に決まっていると、あっちこっち行かずに済みますし。

佐々木　ぼくも今のキッチンは、洗った後の皿を置けるスペースがあったり、キッチンの前に小さなカウンターがあって、できた料理を仮に置くことができたりして、**自分が快適な動線をイメージ**しながら選びました。山口さんのキッチンは、あまり広くなくて、もう本当に一般的によく見る広さのキッチンですね。

山口 シンクが横60センチで作業台が横45センチぐらい。ちょっと狭いなって思うこともありますけど、これ以上広かったら、それはそれで片付けや掃除が面倒になるし、そういうジレンマはありますね。あとは、自分が持っている調理道具や食器、調味料がきちんとしまえる収納があるかどうかはチェックしました。

佐々木 動線でよく言われることですけど、シンク下には水回りで使うざるとかボウル、コンロ下には鍋やフライパンとか、収納位置と、作業場所が近いといいですよね。他に気にしたことは何かありましたか?

山口 窓から自然光が入るかどうかも大切だったんですが、それは私が日中に料理の写真をよく撮ったりするからで、一般の人はそこまで優先順位が高くないかもしれません。

佐々木 山口さんのキッチンみたいに窓があると、換気もできるし、自然光が入るから食材の色もきれいに見えて、より料理する気になりそうですね。

山口祐加のキッチン

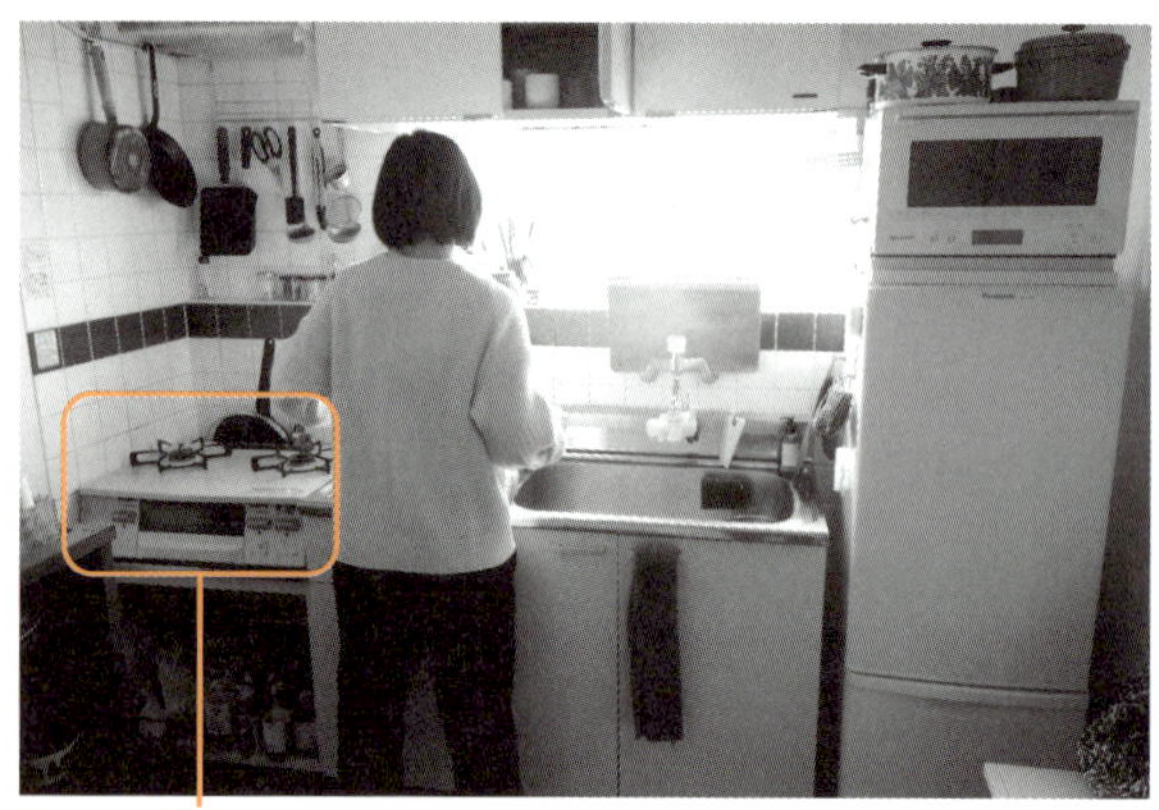

火口の種類　ガスコンロが２口。好みはIHよりガス

食器の収納

備え付けの吊り戸棚に加えて、器好きのため食器棚を使用。ひとり暮らしや食器にこだわりがなければ備え付けの収納で充分

調味料の収納

塩、味噌、油などは扉を外してコンロ下に収納し、調理中にすぐ取り出せるようにした。味噌やしょうゆは冷蔵庫保存がベター。その他のスパイスやちょい足し調味料は冷蔵庫のドアポケットに入る分だけ購入。入らない分は優先順位を見極めて処分

調理スペース

作業台は横45cm程度と決して広くはない。その代わり、出窓のスペースに調理中のボウルやゆでた野菜などを一時的に置くことができるのは助かった。作業台が少しでも広がると調理がスムーズになることが多いので、可動式の調理台を置いたり、冷蔵庫の上のスペースを活用すると料理が快適になる

動線

「冷蔵庫から食材を取り出す→洗う→切る」「鍋を取り出す→火にかける」などのプロセスがスムーズに行われるように工夫。全てが一直線にならなくても、一部を変えるだけで改善されることもある

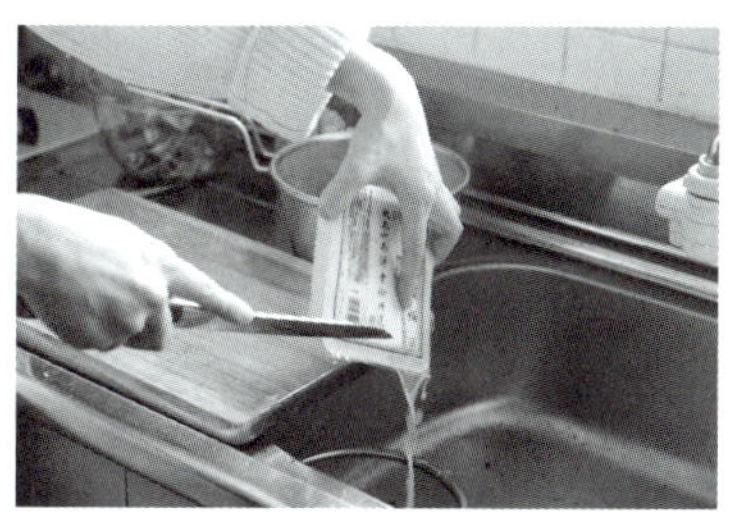

冷蔵庫

冷蔵庫のサイズは150Lと小さめ。
2～3日に1回の買い物で対応

収納はきちんとしなきゃいけない？

佐々木　キッチン環境に限らず、ぼくは改善の鬼なんですよね。

山口　鬼じゃないと、ミニマリストや習慣の本は書けないですよね（笑）。

佐々木　引っかかりがちな、気になるポイントをどんどんスムーズにしていくのが好きで。でもぼくの友達の家は調理器具の収納も、ぼくから見るとルールがなくて「なぜ同じ用途のものが別々の引き出しに入ってるんだ！」とかよく思うんです（笑）。でもそれでなんの問題も感じていないというか「面倒」という概念自体が吹き飛んでいるというか。**「面倒なんじゃない？」「合理化したら？」とすぐ思うのも、現代人の病**かもしれないですね。

山口　自分に合った収納を選ぶってことですよね。たとえば、朝食に使うバターやジャムのセットを作って、取り出しやすいようにカゴに入れたりしますよね。そうすると、ちゃんとしている気にはなる。でもそれが行きすぎると**収納するための収納がどんどん増えていく**こともあります。その仕組みが挫折したときに、100均で買ってきた収納グッズ全部がゴミになることもあるでしょうし。

佐々木　収納やオーガナイズには抗いがたい魅力がありますけど、実生活で本当に使えているか、役に立っているかどうかはまた別ですもんね。山口さんはオーガナイズにそこまで神経質じゃないですか？

山口　自分がわかればよくて、適当にしまってます。保存容器とかも結構ぐちゃぐちゃだし（笑）。でも種類が少ないから、困らないんですよね。探せばすぐ見つかるし。

佐々木　**減らせば、そもそもオーガナイズする必要がなくなる**という。

山口　YouTubeとか雑誌とかで出てくる整理収納のアドバイスが、きちんとオーガナイズしましょうという話ばかりで、参考にならないと思うことが個人的には多いですね。「人から見たらカオスかもしれないけど、私はどこに何があるかわかってるからいいじゃん」という気持ちによくなります。「いいんです、適当で」「自分だけがわかってれば、いいんじゃないですか？」みたいな気の抜けた提案はあんまり見ないですよね。

佐々木 「適当で……いいじゃないですか！」では雑誌の特集にしづらいですからね。やっぱりパッと見て憧れさせてなんぼというか。調味料やスパイスはきちんと全部入れ替えられ、保存容器も整然とスタッキングされて。個人的にはそういうのが大好物ではありますけど（笑）。

山口 ちょっと、ごちゃっとしてるほうが使いやすいとか誰も言ってくれない……。

佐々木 動線がめちゃくちゃでも、オーガナイズされていなくても平気な人も確かにいる。でも、自分では気づいてないけど、動線が複雑だったり、必要なものが取り出しにくくて、料理が億劫になっているということもあり得ますよね。

山口 料理が得意で、キッチン環境や収納を整えるのが好きな友達を、家に呼んで見てもらうのはいいと思いますね。

佐々木 料理好きな人は、言語化していない細かい工夫をたくさんしてますよね。その人なりの収納や動線で、困っていないなら別にいい。でも何か料理が億劫だなと思ったら、誰かに見てもらうというのはとてもいいですね。

間違いだらけの冷蔵庫選び？

佐々木　山口さんは、使っている冷蔵庫も150Lとかなり小さめですよね。

山口　冷蔵庫の上に電子レンジを置きたくて、この高さがギリギリの大きさでした。実際に使ってみたら充分で、もっと小さくてもいいなと思っています。

佐々木　2、3日に1回程度の買い物をして、それを使い切るのが山口さんの型だから、そこまで大きな冷蔵庫はいらないということですね。

山口　実家の大きな冷蔵庫を見ていて思いますけど、「これ、1年前から位置が変わってないよね」みたいな食品がたくさんあるし（笑）。

和田　ぼくの実家でも、次々に新しいものが入れられて、古いものがどんどん奥に追いやられる感じでした。賞味期限切れのハム、ヨーグルト、ドレッシング……。

山口　ミニマリストの考え方と同じで、部屋が広ければ広いほどいいわけじゃなくて。やっぱり**人間は空白があると、埋めたくなりますからね。**

佐々木　冷蔵庫は400L以上になるとむしろ電気代は安くなるのがジレンマです。おそらく大きく立派な分、省エネ技術や断熱もしっかりしてるから。

山口　でも大きいと結局、いろいろ入れがちで、食材を無駄にしてしまうことを思うと、電気代がいくら安くても得ではないですよね。

佐々木　ぼくは鍋をそのまま冷蔵庫に入れたりもしたいし、何か入れるたびに整理整頓が必要なほど余裕がないのも面倒。本当はぴったりのサイズってあるんですよね。冷蔵庫が魔の巣窟みたいにならず、何が入っているかきちんと把握できるだけのサイズ。冷蔵庫にたくさん食材があると、何かレシピを見たときに「あ、全部冷蔵庫にあるからこれで作れる！」となって嬉しかったりもする。でもたくさんありすぎると、考えうる組み合わせも膨大になるし、食材の鮮度が落ちていくと、やる気も吸い取られてしまう。**気持ち小さめの冷蔵庫で、入るだけの食材のひとつひとつと仲良くなっていく**ほうが、第一歩としては良さそうですね。

冷凍のセンスがなくてもいい！

佐々木　大きめの冷蔵庫を選ぶ理由として、冷凍したものがたくさん入る、という理由も大きい気がします。山口さんは、冷凍があんまり得意じゃないみたいですね。

山口　**「冷凍のセンス」**がないですね～(笑)。

佐々木　友人が言っていたんですけど、**冷凍した食品を見ても「料理をしよう」という気持ちがあまり湧かない**と。ちょっとわかると思ったんですよね。本当に鮮度の良い魚ってとてもきれいだから「もう刺身にしてよ」って食材が言ってるようなところがある。でも、冷凍してしまうと、氷の中で沈黙してるというか。そうなると、食材との対話みたいなのが少し減るんだろうとは思います。

山口　冷凍が普及したのは、高度経済成長期以降のことなので、まだまだ人間の感覚として不自然な部分はあるのかもしれないですね。電子レンジで解凍するにしても、ムラになったりするし、流水でも時間がかかる。冷凍して解凍したものが生より美味しそうに見えるかと言われたらそうではないですよね。だから大袈裟にいえば、人類はみんな冷凍センスがないのかもしれない。先日も自分で作って冷凍してあったグラタンを解凍して食べたんですけど、マカロニがブニブニで食べられなかったです。他の部分は美味しかったんですけどね。冷凍食品のグラタンはよくできているなと思いました。

佐々木　電子レンジは温度センサーの形式の違いがあるんですよね。センサーの性能が良いものはムラが少ないし、温度も調整できる。ぼくも鬼検索して良いものを買ったんですが、それでも解凍がムラなくバッチリではなかったです。みなさん、すごく冷凍を使いこなしているイメージがあるんですけど、どうなんですかね？

山口　やっぱり合理的だとは思いますし、必要なときに必要な分だけ使えるという意味では、自炊頻度が少ない人にとってはすごくいいですね。

佐々木　そういう意味でも、ちりめんじゃこ、油揚げ、ベーコンなんかのお助け常備食材

（P259）は冷凍しておくのはすごく便利ですよね。味噌汁用の野菜や、ねぎやパセリも散らして使うのに冷凍しておくと重宝します。

山口　**トッピングの枠にあるもの、少しの分量だけ使うようなものは冷凍しておくと便利**ですね。

佐々木　トッピングなら「食材との対話」みたいな大仰なことも必要ないですもんね。冷凍のセンスがある人や、ものすごく忙しい人はもちろん冷凍を最大限活用すればいいんですし。

山口　**冷凍貯金**という言葉がとても流行したように、冷凍をうまく使いこなして、それで本当に料理が楽になって「人生変わった」という人もいると思います。

佐々木　ぼくは冷凍したら時間を止められるかのように思いがちで、盛大に冷凍焼けを起こしてしまったり（笑）。だから消費しなきゃという責任感は冷凍しても大きくは変わらないですね。うまく冷凍するためのコツが書かれている本も買いましたが、コツも食材ごとに違って、複雑ではある。初心者が素材と仲良くなっていくためには、できるだけ食材をこまめに買いに行くほうがいいのかもしれません。

電子レンジを罪悪感から解き放とう！

佐々木　電子レンジでの解凍の話が出てきましたが、「レンチン」に対する謎の罪悪感ってありませんか？

山口　ご飯の解凍やおかずの温めには、問答無用で便利です。かための食材を下ゆでしておくのにもいい。お湯を沸かしてゆでて水を切るって、それなりに面倒ですからね。

佐々木　でも「本来お湯でゆでるべきところを、電子レンジを使うのか……」みたいな罪悪感があったんです。どう違うのかもよくわかってないんですけど（笑）。

山口　電子レンジを使うと食材から水分が抜けるので、お湯でゆでるような、保湿しながらの加熱ができないんですよ。だから、もやしみたいに**水分量が多い食材は**

ゆでても、電子レンジでもほぼ変わらないですね。ブロッコリーなどの野菜も、少し水をかけてレンチンするときれいに仕上がります。魚も水分量が多い食材なので、電子レンジ調理に向いた食材ですね。蒸し魚のように、せいろで作るようなレシピも、電子レンジでも充分に作れます。

佐々木　電子レンジで一品作るみたいな方法も、とても人気がありますよね。

山口　便利だし、洗い物が少なくて済むから手軽ですよね。電子レンジの欠点は焼き目がつかなくて、香ばしさが出ないこと。さっきの蒸し魚も、フライパンでオリーブオイルやごま油を温めて、魚にねぎやしょうがをのせたところにかけると、香ばしさがプラスできます。個人的な電子レンジの使い方としては、冷凍ご飯なんかの**温めと下ごしらえがメイン**です。レンジ単体で作るのは、いちばん最初に手を付けるものではない気がしますね。同じことを電子レンジがなくてもできるようになってからのほうが、基本が勉強できて応用が利く。

佐々木　「レンチン」にまつわる罪悪感は電子レンジ自体ではなくて、ただ温めたレトルトを食べるだけ、とかそういうイメージに起因しているのかも。電子レンジについては、何の問題もない部分はうまく使うのがいいですね。

便利器具は料理がうまくなってから！

佐々木 「ホットクック」に代表されるような便利な調理家電についてはどうでしょう？食材を入れておくと、加熱だけでなく混ぜる作業もしてくれる。放ったらかしにできて、予約しておいた時間になると料理が出来上がる。

山口 私は**「自然災害の被害にあっても、使えるような料理のスキル」**がまず基本だと思うんです。特別なものがないと料理できないのは不自由というか、そのことがプラスの自信を与えてくれるわけじゃないと思うんですよね。「私、料理上手です。ホットクックさえあれば」ってなかなか言えないというか。だからまずは「この厚みの魚は、これぐらい焼くと火が通る」というリアルな時間の流れを体感で覚えるほうがいいですね。私は今のところ圧力鍋を使っていないんですけど、それは自分の中で時間の計算が狂っちゃう気がするからなんです。想定の倍の速度で時間が進んでいっちゃうというか（笑）。

佐々木 ぼくも追い詰められて「ついにホットクックの出番か！」と必死に調べたことがあるんです。外で仕事しているのに、帰ったら自分以外にご飯を用意してくれる人もいない。そうなったら、朝に素材を入れて予約して、帰宅する時間にご飯ができていたら嬉しい。そういう人の気持ちは否定できないし、よくわかります。

山口 子育てや介護で料理する必要があるけど、そこまで時間を割くことはできないという人にとって、ホットクックや圧力鍋は絶対的な味方ですよね。

佐々木 でも火の入り方とか、基礎を学びたいときは確かに勉強にはならないという。

山口 だから電子レンジ料理と同じで、最初に手を出すべきではないというのが私の意見です。料理を作れるようになった後に「同じことをホットクックがやってくれたら楽じゃん！」という順番はいいですね。

佐々木 便利な器具は、料理がある程度できるようになった後、自炊道の第二章から使うのがいいのかもしれません。

90 道具は少しずつ増やそう

佐々木 山口さんは調理道具も料理家としては少なめですよね。料理家といえば、キッチンにあらゆる種類の鍋やフライパンが吊るされているイメージ……。

山口 私は、ボウルもざるも1個ずつしか持ってないですからね。置き場所もそもそもないし。さっと洗って、次も同じものを使うほうが私にとっては合理的ですね。

佐々木 山口さんが調理道具を増やさないのはどうしてなんですか？　料理家なのに？

山口 私は料理を極めるプロになりたいわけじゃないんです。あとは「この道具がないと作れないです」みたいなのって、料理のハードル上げている気がして。

佐々木 山口さんがぼくの実家で味噌汁を作ってくれたとき、使っていた菜箸の反対側で味噌を取ってましたもんね。

山口　そういうクセが出てしまう（笑）。

佐々木　ぼくも「味噌マドラー」がないと生きていけない身体になっているのでよくないかも。山口さんのように目分量で取れたほうが応用が利きますね。道具を増やすとよくないのは、増えすぎると取り出しづらくなったりするところですよね。

山口　フライ返しを取りたいのに、ヘラが出てきたら「お前じゃないんだよ」って言いたくなる（笑）。

佐々木　ものが少なければ掃除しやすいし、**キッチンが清潔だとやる気になる**。道具を増やさない戦略として、**ひとつで多用途に使えるもの**はいいですね。ぼくはニトリのシリコンスプーンをお玉、木べら、スクレーパーのように使ってます。もしぼくが今、極小キッチンの部屋に住んだら「マルチポット」というのを使うかも。小さいけど深めの鍋で、やかん、炊飯、揚げ鍋、なんにでも使えるという。

山口　調理道具って「まずこれぐらい揃えなきゃ」っていう固定観念がありますよね。ものを揃えていくのは楽しいですからね。だから**自分が作りたいものからスタートして道具を選ぶ**のがいいですね。あれもこれも作りたいとなると、無限に

佐々木　必要になってしまう。汁物を作らないなら、お玉だっていらないし。
ぼくも揚げ物はしたいなと思って、オイルポットを買ったんですけど。

山口　私も買ったのは本当に最近ですよ。それまでは深めのお椀に入れていて。

佐々木　オイルポットが必要というのも幻想だったのか……（笑）。道具を制限しないと、
それこそ100均に行くと、アボカドの種をきれいに取れるみたいな器具まであって無限に増えますよね。もちろん毎日アボカドを食べるならそれでもいいけど。

山口　私はマッシャーを持っていなくて、木べらでいいと思っているんですけど。毎日ポテトサラダを食べたいという人はマッシャーがあったら便利だとは思います。

佐々木　道具はきちんとお手入れすることも必要ですからね。ぼくが持ってる鍋は2つですが、たまにスポンジ状のヤスリで磨いたりしてます。2つで精一杯。

山口　道具を増やすことの何がよくないかって、ずっと使えちゃうことなんですよね。

佐々木　金属だけでなく、下手したら木べらとかですら一生物になりますもんね。車なら試乗できるけど、試しに使うことも難しいのが調理道具だし。

山口　行き場を失ったステンレスのお玉とか、日本中に何万本ぐらいあるんでしょうね？　だから**道具は、慎重に少しずつ増やすのがいい**と思います。

ミニマル調理道具

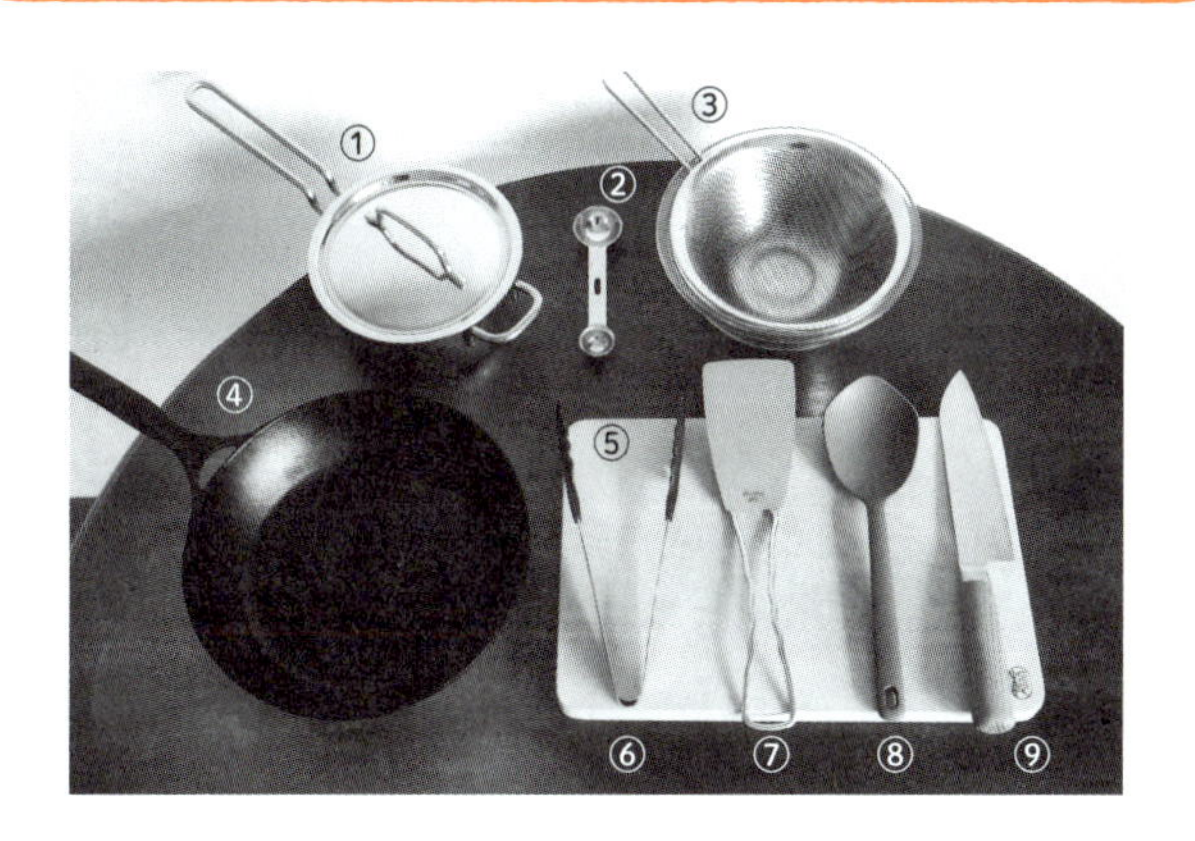

① 片手鍋
16〜18cm。味噌汁を2人分作るなら16cmで充分。カレーなどを多めに作るなら18cm以上。多層構造のステンレスなら、蓄熱性も良く、揚げ物もカラッと揚がる

② 計量スプーン
大さじ、小さじが一体化しているものが便利

③ ざる・ボウル
20cmぐらいのサイズ。ボウルはガラスなど耐熱性にすると電子レンジの下ごしらえにも

④ フライパン
24〜26cmあると、パスタを茹でたり、煮込む料理も。フッ素加工は食材がくっつきにくいが、徐々に劣化。鉄はずっと使えるが、コツが必要。初心者はまずフッ素加工がおすすめ

⑤ まな板
プラスチック＝軽く衛生的だが包丁には硬め。木＝包丁のあたりがよいが重め。ゴム＝両者の中間。何を優先するかを決めて素材を選ぶ

⑥ トング
パスタを盛り付けたり、ゆで野菜を取り出したりするときにあると便利。手の延長として使える。菜箸でもいいが、どちらかひとつなら、トングのほうが汎用性が高い

⑦ フライ返し
焼いたものをひっくり返したり、肉を押し付けて焼くときに。フッ素加工のフライパンを使うなら、プラスチックやシリコン製を

⑧ シリコンスプーン
浅めのお玉、木べら、スクレーパーとしても使える万能選手。先が直線になっているものは、鍋に沿いやすく使いやすい

⑨ 包丁
5000円〜1万円台を買うと切れ味長持ち。鋼は錆びやすいが切れ味が良い。ステンレスは錆びに強い。鋼をステンレスで挟んだものも

あると便利なもの
しゃもじ、計量カップ、ピーラー、キッチンばさみ、キッチンタイマー、おろし金

91

器は少数精鋭部隊で！

佐々木

器との付き合い方には、本当にいろいろな個人史がありました。ぼくは基本的に器が大好きで、若い頃からひとり暮らしにもかかわらず巨大な食器棚があって、抹茶茶碗からカクテルシェーカーに至るまで、本当にあらゆるものを集めていたんです。でも、使いこなしていたわけじゃないし、キッチンには洗い物が溜まっていて。でもそこからミニマリストになって、器は本当に最低限まで減らしました。一回食事を食べ終わったら、すぐに洗わないと次の食事が取れないぐらい少なくなったときに、洗い物もようやく好きになれたんですよね。選んでいたのは超合理的な器で、基本的には白。割れてもすぐに買い直せるような大量生産のもの。でも、改めて料理を勉強し直そうと思ったときに、器にも助けてもらおうと思ったんです。白一色よりも、**下手な料理を彩りの面で助けてくれそうな器**を選ぶほうがいいのでは？　と。大量生産品よりも、手作りで器を作っている作家さんの存在を応援したいと思うようにもなりました。山口さんも最近、作家さんのお椀を買われてましたね。

山口　お椀がいいと、何を盛っても映えるんですよね。そしてお椀って器に直接口をつけて飲むじゃないですか。だからそれがプラスチックなのか、ちゃんとした塗りなのかで、だいぶ心証が違います。私は器が好きなので、そこにはお金をかけてもいいと思うタイプです。漆がはがれても塗り直してもらえばいいし、半永久的に使えますからね。

佐々木　ニトリとかで売ってるプラスチック製で、電子レンジも可みたいなのお椀がありますよね。テクスチャーも木製っぽくて。気楽に使えるから、忙しい人や不器用な人は、そういうタイプを使うのもいいのかもしれない。

山口　夫もひとりで食べるときは、ニトリとかイケアのお皿を使ってるみたいです。私の器を割ったら怖いと思っているみたいで……（笑）。

佐々木 ぼくも本当に最近まで、合理派だったんですけど。それこそお皿を買おうと思ったら「ブルータス」「アンド プレミアム」とかの器特集を読みまくったりして、大変なことになるし（笑）。本当にものが大好きなんで。

山口 私は**用途がかなり限定されるものは買わない**ですかね。たとえば丼はあるけど、ラーメン専用みたいな柄の丼は持ってないです。グラタン用のオーブンに入れられるお皿は一枚持ってますけど、サラダを盛ることもありますし。絵皿はあんまり持っていなくて、色皿は多いですね。柄がないと匿名性が高いというか、いろいろ使いやすいので。**色皿は何を盛ってもかわいくなる**から、ひとつのテクニックとしておすすめできます。

佐々木 汎用性を追求すると無印良品とか、北欧系のすっきりしたものになるけど、個人的な気分は、作家さんの器との一期一会を楽しんでもいいのかなと。展示会に行ったりして、直接作家さんから器を買うと、毎日使うときもなんだか嬉しいし。

山口 ひとり暮らしをこれから始めるとか、今自炊をしてなくてゼロから始めるという人は、枚数少なめで、それなりの器にお金を集中投下するのもいいんじゃないかなと思いますね。

92

危険！ 器沼の歩き方

佐々木 山口さんは2人暮らしで、器はどれぐらい持ってますか？

山口 メイン用、カレー皿のようなお皿は15枚ぐらい。お茶碗、お椀が4つずつ。取り皿は10枚ぐらい。趣味で集めているので、多いほうだとは思います。

佐々木 山口さんも器を扱っている好きなお店とかありますよね。良い器がたくさん売っている東京が拠点なわけだし。かなり「器欲」みたいなものを抑制しているほうだと思います。

山口 自分の持っている器の中には「もう君には惚れっぱなしだよ」というお皿もあるし、昔好きだった人みたいに「もういいかな」という皿もあるんですよね。

佐々木 どんなに気に入って買っても永遠じゃない。でも買うときにはわからないかも。

山口 みんな最初から今のセンスを持っていたわけでは多分ないですよね。**いろいろ使ってみる中で、自分なりのセンスが磨かれていく**。

佐々木 最初からものに興味がないタイプのミニマリストもいますが、無駄なものを買ったり、好きで買ったけど馴染まなかったり、試行錯誤して落ち着いていく。器に限らず服やインテリアも、それが基本的な通り道かもしれないですね。

山口 もし器が自分の好みや使い道から外れることがあれば、できれば捨てないで人にあげる。でも、あげることも大変ですからね。

佐々木 押し付けたくないし、マッチングが難しいですね。実家の器を処分するときに調べたんですが、基本的に器は処分しづらいですね。ブランド品で未開封なら売れるけど、1回使ったら相当なものじゃない限り買い取ってくれない。だからそのときは、途上国に寄付するという方法を選びました。ただ、送料の分お金はかかる。山口さんは、今の3倍ぐらい器があったとか、そういう時期はないんですか？

山口 ないですね。でもセンスのある友達の家に行くと、やっぱりものすごい量の器があるんですね。でもどれも使ってないっていうことでもなくて、ちゃんと気を配って感じがして。

佐々木　管理能力が高い人は、たくさんあっても使いこなせるんでしょうね。

山口　そういう人を見ると、あまり我慢せずに気に入ったものを買ってもいいのかなと思うこともあります。

佐々木　ミニマリストの本を書いておいてなんですが、欲望することも大切ではあるんですよね。欲しいものが何もない状態はとても心地良いけれど、何かへの欲求が楽しみを生み出してくれることもある。でもぼくは、ただ物欲に任せていると、オークションに張り付いたり、蚤の市に通いまくったりして自滅するタイプなのもわかっている（笑）。だから自分の料理の型がのるだけの枚数で打ち止めにしています。器を取り出すときにも、他の器をどかす必要がなく**ワンアクションで出せる枚数**であることのほうが大事。もちろん「我が生涯を、器沼に捧げる!!」という人がいてもいいんですけど（笑）。

山口　調理道具と同じで、基本的には買いすぎないで、慎重に歩みを進めて集めていくのがいいですね。新たな定番にしたい、**作り続けたい料理ができて初めて、それに合う器を購入する**ぐらいでいいと思います。

お皿はこれだけあればいい

基本

① **お茶碗**
食べたいご飯の量に合わせて、お好みのサイズを選ぶ

② **小鉢やボウル皿**
副菜やサラダ用。5寸＝15cmほど。シチューを入れたり、小さな丼として使えるなど、少し大きめのサイズが便利

③ **平皿**
メインやパスタ用。7寸＝21cmが万能。縁が少し立ち上がっていると、カレーなど汁気が多い料理にも使える

④ **汁椀**
味噌汁やスープ用。予算に余裕があればぜひ漆の椀を。口当たりもよく、塗り直しもできる。手頃なものだと2500～3000円程度

追加するなら…

- **小皿**　4寸＝12cmぐらい。副菜や、しょうゆ皿用に
- **丼**　ラーメンが入るサイズの大きさ。親子丼などご飯ものにも

93 なぜ皿洗いは嫌われる？

佐々木　皿洗いって、家事の中でも特に嫌われている存在のように思います。山口さんも料理するパートと比べたら、あまり好きではないですか？

山口　「私にとって料理は歯磨きみたいなものです」とおっしゃっている人がいて、すごくわかりやすいたとえだと思ったことがあります。歯磨きって積極的に「やりたい！」ものではなくて、好き嫌いではなく、やらなきゃいけない義務的なもの。私にとっての洗い物も、その「歯磨き」の感覚に近いですね。料理みたいに「好き、やりたい！」というわけではなくて、平熱というか。

佐々木　歯磨きのたとえは面白いですね。でも料理って、食材の調達から始まって、皿を棚の元の位置に戻すところまでがプロセスだとしたら、やっぱり皿を洗うのも料理の一環だと考えたほうがいいのかなと思ったり。

山口 皿を洗う手前の、**調理のプロセスでみんな頑張りすぎてる**んじゃないですかね。品数であったりバリエーションであったり。そこで自分のＨＰを使いすぎて、片付けに残ってないんですよね。

佐々木 なるほど。「もう一品」を作るところで体力を使いすぎてるんだったら、その体力を片付けに回そうよと。料理はゼロからプラスを生み出すような創造的な行為だけれど、**洗い物はマイナスをただゼロに戻すような行為でつまらない**と思われていそうでもあります。「皿洗い」ってバイトの新人がするような誰でもできる簡単な仕事、できて当たり前だと思われているところもあるし。

山口 茶渋が付いていたらメラミンスポンジで汚れをきれいにしたり、意外と細かく心配りがいる家事なんですけどね。あとは皿洗いが嫌われがちな理由として、**感謝されづらい**というのもあるんじゃないかと思います。料理は作ると「いただきます」「ごちそうさま」って言われるタイミングがあるんですけど、洗い物はもう食事が終わった後だから、「ありがとう」を言われるタイミングがないんですよね。積極的に「洗い物終わったよ〜」って言いに行かない限り、感謝されづらくて。

佐々木 料理と違って皿洗いは「今日は抜群に洗えてるね！」とか「水がキレッキレだね！」とか言われないし。

山口 そんなこと言われたら、何かうしろめたいことでもしてるのかと（笑）。

佐々木 育児ではオムツ替えも、誰にもほめられないという問題があるみたいです。誰も見ていない家事はほめられづらいんですね。掃除も同じで、汚かったらできていないことが目立つけど、問題なくきれいな状態のときには、それを保っておく営みはあまり顧みられることがなかったり。

山口 SNSがある現代に生きる私たちは、承認欲求欲が発達しすぎてるのかもしれませんね。何をしても常に「いいね」が欲しいみたいな。

佐々木 頑張って作った料理はSNSにポストされるけど、「今日皿洗ったよ」みたいなのはほとんどないですもんね。「今日はこれができたから、私えらい」って、自分をほめてあげてる人は最近増えてますけど。

山口 皿洗いが終わってすっきりしたキッチンを見ると、「私えらい！」と思えますね。

94

洗い物が楽しい環境を作ろう！

佐々木　食洗機の普及率は、ドイツやアメリカは70％程度で、日本は37％程度だそうです（2024年消費動向調査／内閣府）。食洗機に任せられたらそれもいいけど、日本の狭いキッチンでは、しばらく皿洗いと向き合わなければいけない人も多そうですね。その場合、少しでも前向きになれる環境を考えられればと思います。ひとつの処方箋は、やっぱり**大切にしたいと思う器を使うのはいい**ですね。塗りがいいお椀だと、洗っているときにも感触がよくて、洗うのが苦じゃない。

山口　本当にそう思います。いい器だと汚れたままが忍びなくて、「早く洗ってあげたい」と思ったりしますからね。最近、民藝を勉強しているんですが**「愛せる道**

具を使うことで、自分自身も大切にされている感覚になる」「道具と自分がお互いに影響を与え合う」ということが言われています。「これでいっか」というものと、奮発して買ったお気に入りを愛おしく思いながら使うのとでは、ものとの関係性が全然違いますからね。私もすべての道具や器が選び抜いたものではないですが「これがいい！」と選んだものは使っていて喜びがあります。

佐々木 服もそうで、コスパがいいだけで選んだファストファッションのものは、繕おうとか、きちんとお手入れしようと思いづらいこともあるでしょうね。傷んだら、使い捨てのようにしてしまうこともあるだろうし。

山口 私にとっては、**器はもはや仲間や友達**みたいな感じなんです。友達が汚れたままずっとシンクに座ってるのはかわいそうだと思ってしまう。かわいそうだけど「今日は夫に任せてるし」みたいな葛藤もありますけど（笑）。夫は洗い物するときは絶対にイヤフォンで何かしらの音楽を聴いてますね、ノリノリで。

佐々木 外国で単純作業に従事している人って、イヤフォンで音楽を聴いてますよね。工場で働いている人とか。どうしても苦手意識がある人も、**皿洗い＝好きな音楽を聴ける時間**だと思えたら意識も変わるかもしれないですね。

おすすめの洗い物の装備

佐々木　洗い物を億劫にしないためには、気に入ったスポンジを使うみたいな、小さな工夫もいいですよね。

山口　お気に入りの香りの洗剤を使うのもいいと思うし、**道具からテンション上げる**のはいいですよね。

佐々木　「サンサンスポンジ」っていうのを使ってるんですけど、知ってます？

山口　めっちゃいいですよね、本当にへたらない。パックスナチュロンの「キッチンスポンジ」も、ほとんど同じような使い心地です。

佐々木　スポンジ界のロールス・ロイスかもしれないですね。あまり良くないスポンジはすぐヘタるし、水切れが悪いから、ジメーッとしていて触るのも嫌になってしまう。洗い方の細やかさって人によって違いますよね。ぼくは適当なんですけど、この間洗っていたら「まだ汚れが残ってる」とか言われて。「それぐらい、ふきんで拭くとき落ちるでしょ？」って思ったりしたんですけどね。

山口 **皿洗いは、その人の適当さが試されますよね。** 私もはっきり言って適当。

佐々木 洗剤を使わないアクリルたわしを使っている人もいますよね。皿を洗った後に、上向きに置く、下向きに置く派で分かれていたりもして、いろいろな流派がある（笑）。洗い物のお椀や小鉢にお湯を入れて、洗剤を薄めて使うと、洗剤の付け足しの手間が減るので、洗い物が多いときはやったりしてます。

和田 カレーとか麻婆豆腐が付いた皿や鍋をいきなりスポンジで洗うと、色がなかなか抜けないので注意してますね。口を拭いたティッシュとかキッチンペーパーでぬぐってから水で流して、スポンジで洗います。そういう言語化されていない洗い方のこだわりって、それぞれあって面白そうですね。

佐々木 ぼくはグレーや黒のスポンジを使ってるので、いきなりカレーに突入しても、結構いけます。でも気持ちはすごくわかりますね。

和田 自分は白いほうが取り替えるタイミングがわかりやすいんで、白派です。

山口 私は、そういうときにスクレーパーを使ってるんですけど、買ってよかったです。汚れをこそげ取れるし、シンクに残った茶殻や小さいものは水では流しづらいので、それで集めたりして。あとは「浮かせるスポンジホルダー UKIUKI」というアイテムは、キッチンに吸盤でくっついて、爪に引っかけることでスポンジを浮かせておけるんですけど、余計な水がシンクに落ちてくれるのですごく楽です。

佐々木 ぼくも愛用してます。

山口 私と佐々木さんは、装備がほぼ同じなんですね（笑）。

佐々木 スポンジを直置きしたくないし、スポンジラックもきちんと掃除するのが面倒なので、重宝しますね。

山口 あとは、鉄フライパン用のたわしがあります。

佐々木 ぼくも同じです。それ以上は増やしたくないというか、ストロー用とか、水筒用の細いスポンジなんかは、個別にはより清潔にできるんだろうけど、その**洗う道具自体を清潔に保つ管理のほうが大変**だと思ってしまう。だから細めの水筒にも手を突っ込んで頑張るほうを選択してます（笑）。

気分が上がる洗い物装備

①**「サンサンスポンジ」**
空気を多く含む構造で、泡立ちが良く、水切れも早い。
へたりにくく、長持ちするのが嬉しい

②**「浮かせるスポンジホルダーUKIUKI」**
シンクの側面に、吸盤で貼り付けて使用。
スポンジを浮かせることができるので、とても衛生的

③ **たわし or キッチンブラシ**
鉄のフライパンを使うなら必須になるのが、
たわしやキッチンブラシ。
調理器具や鍋の汚れをこそげ落とすのにも重宝する

④ **スクレーパー**
皿に付いたカレーの汚れを
事前に取って洗いやすくしたり、
シンクに飛び散った野菜くずを集めたりするのに便利

96 洗い物を減らすコツ

佐々木　家の料理は、品数も味も、こだわりすぎなくてもいいという話をしてきましたね。皿洗いに関しても「もうちょっと肩の力を抜いてもいいんじゃない？」ということは何か言えますかね？

山口　基本的に**品数を減らすと、洗い物も減ります**よね。

佐々木　腹八分目にすると、食器も八分目になるというか。

山口　以前、楽に料理するアイデアを一般の方から募集しました。その中で「今日は洗い物したくない！」という自分のスイッチが発動したときのために、紙皿と紙コップ、割り箸を常備している人がいましたね。私は、ある程度仲良くなった友達だったら、鍋のまま料理を出すこともよくあります。友達に、おかずはいつも3種類ぐらい作るけど、フライパンのまま出すっていう人もいましたね。彼女は品数は減らさないけど、器にはこだわらない。それがはっきりしていていいなと。

佐々木 洗い物の労力を、料理にしっかり振り分けているんでしょうね。調理後にそのまま食卓に置いても、違和感がないデザインのものもいいですね。

山口 私もそのまま器になるようなガラスボウルでサラダを作ったりしています。忙しい朝は特に、洗い物の数は1枚でも減らしたいですよね。たとえば朝ご飯はおにぎりにするとします。それも手で握るんじゃなくて、ラップを広げて塩をふって、ご飯を置いて、具を入れて握る。朝ご飯は毎朝おにぎりと、インスタント味噌汁だけにするなら、洗い物はお椀ぐらいしかないから、夜に一緒にまとめて洗ってもいいかもしれない。お茶碗、取り皿、小鉢とお皿の種類にはキリがないから、**ワンプレートにする**のもいいですよね。いわゆるお子様ランチみたいな、区切られている1枚の皿にまとめてのせる。

佐々木 それもひとつのアイデアですよね。朝食だけはそれにのせる、という仕組みでもいいだろうし。一方で、たとえば刺身をパックのまま食べるのか、きちんと皿に盛り直すのか問題がありますよね。料理が「食材をより美味しく食べようとする」行為であるなら、**皿に盛るのも料理のひとつ**であるともいえる。旅館での食事のように、料理ごとに器がきちんと合わせられていたら、確かに美味しそうに見えますもんね。でもどれだけ洗い物が苦にならない人でも、毎食何十枚もお皿を洗いたいわけじゃないだろうし。何かを省略したときに、手抜きしちゃってるという後ろめたさがなければ、それでいいなと思います。

山口 妥協できるポイント、これに関してはもうこれでOK、というポイントを見つけるのは大事ですよね。プラスではないけれど、決してマイナスでもないポイントというか。定番ですが、肉や魚を切るときに牛乳パックをまな板の上に敷いたり、肉がのっていたトレーの上で味付けをしたりもよくやってますね。

佐々木 先にもお話ししたように、セルフケアは、自分自身をいちばん大切な人のように扱うのが基本。だから「誰も見てないし、いいや」という気持ちを抑えて、刺身をきちんとお皿に移すことはセルフケアになる。でも「今日は疲れ切ってるから、パックのまま食べる！」ということがケアになるときもある。おもてなしするのも自分の仕事ですからね。

97 新時代のふきんマネジメント！

佐々木　ふきんとか、水切りカゴとか、水回りの装備はどうしてますか？

山口　最初はカゴじゃなくて、水切りマットを使っていたんです。でも、キッチンは風通しがいいわけじゃないからカビちゃったりして。その後は、もうシンプルに、まな板を置く場所に、洗ったものをそのまま置くようにしています。そうすると、びしょびしょにはなるけど、最後にふきんでシンクに水を落とせば終わり。

佐々木　ぼくも同じですね。以前は水切りカゴを使っていたんですが、網はそれ自体のお手入れが大変。ミニマリスト系でも「ジョージ・ジェンセン・ダマスク」とかの厚めの布を敷いて、水切りカゴの代わりに使ってる人が多いです。ぼくはそれも使わず、皿は洗ったらすぐに拭くので、水切りするための何かを持ってないです。

山口 水切りカゴを置く場所がうちのキッチンにはないし、水切りマットがあると、確かに調理台は濡れないんですけど、それぐらいしか役割がなくて。カビてしまうかもという心労のほうが大きかったですね。

佐々木 ふきんは何を選んで、どんな風にマネジメントしてますか？

山口 本当にいろんなふきんを試したんですが、結局、無印良品の「落ちワタ混ふきん」に落ち着きました。基本的にそれを**調理中から台拭きまで、全部に使います**。洗い物を拭いた後にも、食品やきれいなお皿にしか触れてなくて汚くないから、同じふきんでキッチンやテーブルも全部拭きます。常に拭き上げているから、キッチンもテーブルもきれいですからね。その代わり、ふきんはその日のうちに洗います。台拭きも、その用途にしか出番がないものなんですよね。

佐々木 ぼくもほぼ同じような使い方ですね。1回使ったふきんをキッチンに干して使うほうが、個人的に気になるので。1回の食事ごとに1~2枚のふきんを使います。シンクもそれで毎回拭く。毎回拭けば「シンクもステンレスの食器」だと思えるし。その代わり、ふきんはすぐに洗濯機に入れて毎日洗います。コンロの油汚れ

山口 だけは、キッチンペーパーにアルコールを吹きかけて毎回さっと掃除。

佐々木 ふきんも1回煮沸したほうが衛生的だけど、毎回はやらないですね。ガッツリした肉料理や油をたくさん使った料理のときは、煮沸してから洗濯機で洗います。

山口 ふきんを手洗いするのと、パンツと一緒に洗濯機で洗うのと、どちらが清潔だと思うのかとか、**衛生観念ってかなりパーソナルなもの**ですよね。

佐々木 そうそう。私もこういう話をするのがちょっと恥ずかしいです。あと、自炊初心者だと、ふきん自体を持っていない人もいると思うので、そういう人はまずキッチンペーパーを使って料理してみてもいいかもしれないし。
何度か洗って使える、キッチンペーパーとふきんの中間のようなものも増えましたもんね。水切りカゴやふきんのマネジメントは本当に、各家庭で無手勝流(むてかつりゅう)にやっていて、これが正解だというお手本が見つかりにくい。山口さんとぼくの方法を「新時代のふきんマネジメント」として、打ち出していきたい気持ちもありますが(笑)。必要なのは、何かが億劫なら「水切りカゴは本当に必要なのか」「ふきんと台拭きを分ける必要があるのか?」とか、なんとなくこうするものという思い込みを外すために、たまには立ち止まってみることでしょうね。

ふきんの運用を考えよう

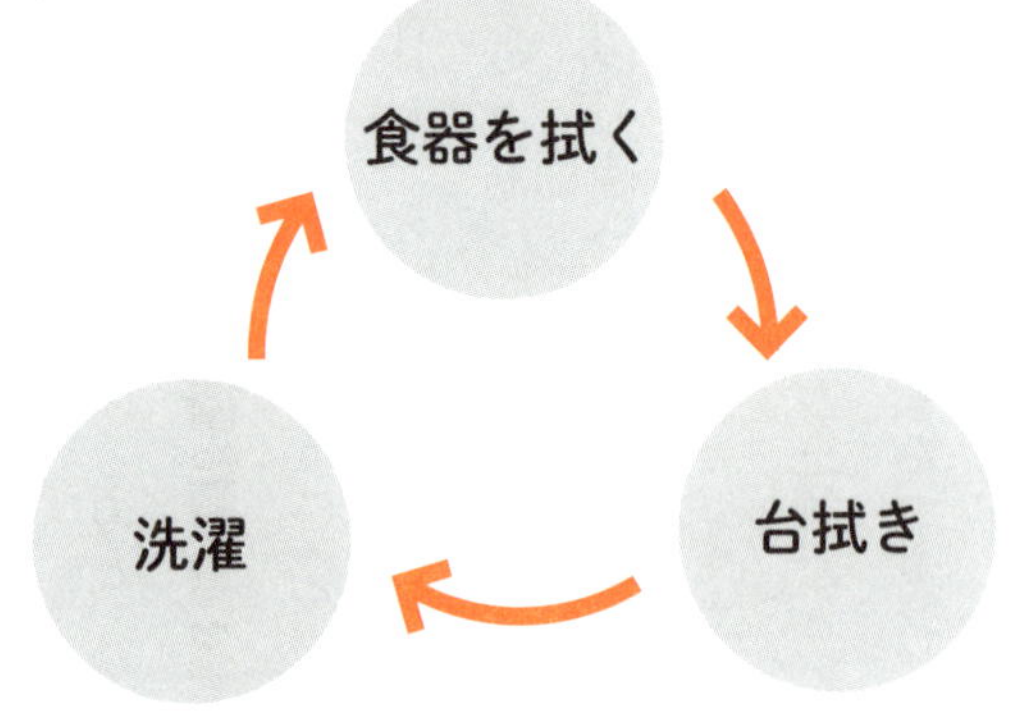

1枚を短期間で回す！

愛用ふきんのポイント

山口

落ちワタ混ふきん

（無印良品）40×40cm

12枚組で499円（税込）。手のひらに収まりがよく、コンパクトなのですぐ乾く。ナチュラルな白なので、どんなキッチンの風景にも馴染む

佐々木

超吸水キッチンクロス

（KABIYA）50×30cm

毛足が短く、マイクロファイバー特有の引っかかりが少ないのに、吸水力が高い。洗っても洗っても形が崩れず、長持ちするところもお気に入り

（ふきんを持っていない人は…）

洗って繰り返し使えるペーパータオルを使ってみる

「スコッティ ファイン」「シェフロール」など

ゴミの処理問題！

佐々木　三角コーナーも水切りカゴと同じで、かつてはどの家庭にもあったけど、だんだん減ってきているようですね。毎回大量に調理する家庭はあったら便利だけれど、個人的には生ゴミがしばらく佇んでるのが気になって、使っていないですね。

山口　私も、シンクの側面に貼り付けられる三角コーナーみたいなものを使っていたこともあったんですけど、作る量が多いので、それでも入り切らなかったですね。

佐々木　マクロビオティックを実践している人は、野菜の皮や葉まで丸ごと食べるそうですが、気にならない人はそうしたほうがゴミも減るでしょうね。**食材を少量買いして使い切ることは、生ゴミ問題にも有効**だろうと思います。

山口 でも、バナナの皮とかどうしても出ちゃうゴミもありますね。ゴミや臭いが嫌で自炊したくないという人もいるとは思います。冷凍野菜はカットされているし、生ゴミが出ないから、その目的で使っている人がいるのも理解できます。

佐々木 山口さんは、**生ゴミ乾燥機**を使ってますよね。

山口 出張や旅行が多くて、可燃ゴミを毎回出せないんですよね。乾燥させると、煎餅みたいな状態になってカビないし、臭くなくて、なんなら香ばしいくらい。

佐々木 生ゴミを冷凍するのもひとつのアイデアではありますけど、食品と一緒に入れるのがなんだか気になる人もいるでしょうね。ぼくは以前、**生ゴミで堆肥**を作っていました。生ゴミを土のう袋に入れた土とぬかと混ぜて、発酵させて肥料にする。少々手間はかかるけど、ただ無駄になるゴミが使える肥料になり、ゴミ箱は紙物だけになるのですごく清潔ですっきりしました。ベランダでもできるんですけど、まわりに土がない環境だと少々やりづらいですね。今は、野菜の切れ端とか大きな生ゴミは手で拾って、どうしても流れていく細かいものは、排水口のゴミ受けにネットをかぶせておいてキャッチ。それを毎回の燃えるゴミの日に出します。排水口にはふたがされているので、視覚的には気にならないです。

山口 ゴミをどう処理すべきかは難しくて、私も答えが出ているわけじゃないです。ヨーロッパみたいに有機ゴミを別に集めてくれて、バイオガス発電とかに使ってくれたらいいのにと思うこともあります。最近の新築マンションだと、ディスポーザーがあったりしますよね。シンクに生ゴミを流すと、粉砕されて流されていく。きちんとしているところは、それを回収してちゃんと堆肥にしているところもあるそうで、そういう取り組みは増えていくといいなと思います。

佐々木 使い捨ての包装を避けるために、量り売りのお店がもっとあったらいいなと思うこともあります。自炊するとどうしても生ゴミは出る。でも中食をしてもプラゴミは出るし、外食は自分でゴミを出す必要はないけれど、誰かがその処分を担当してくれているだけとも言える。ゴミ乾燥機を使うのも、生ゴミ堆肥を作るのも、そのままゴミ箱に入れるより手間かもしれないけれど、心地良かったりする。**手間と心地良さのバランスが取れるといい**なと思います。

山口 ゴミ処理の問題は、各自治体の方針に従わなければいけない部分もありますが、個人のレベルでできることもあります。もしゴミが心理的ハードルになっているなら、心地よく料理するためにできることを工夫してみるのがいいですね。

どうする？　生ゴミ対策

生ゴミ堆肥

門田幸代（もんでんゆきよ）さんのメソッド。土のう袋にぬかと土を入れ、発酵させることで堆肥を作る。詳しい作り方は、佐々木典士のブログで紹介している

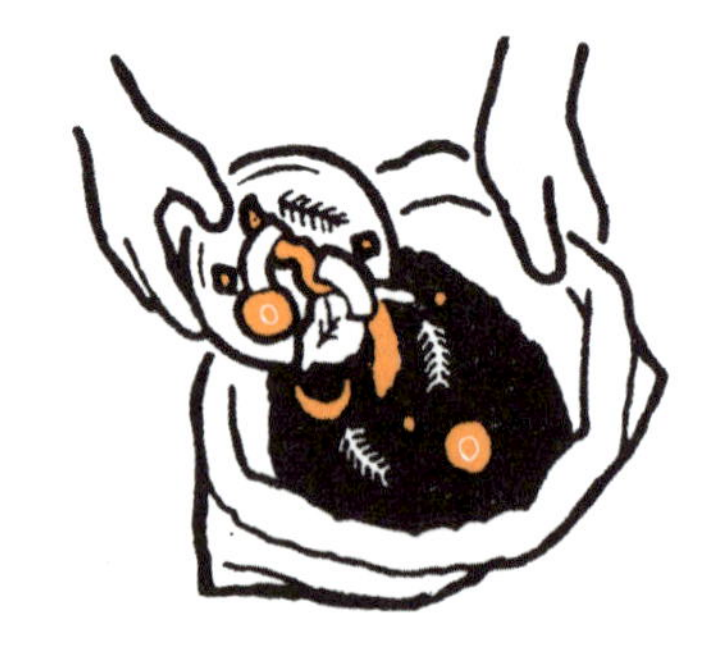

生ゴミ乾燥機

シンクに付属のボックスを置いて、それを乾燥機に入れて乾燥にかけ、6～8時間置いておけばカラカラに。その後、ゴミ箱にそのまま入れても臭くならない

生ゴミを減らす工夫

- **皮をむかずに食べる**　皮付きのまま食べられる料理を見極める。栄養もしっかり摂れる
- **食材の再利用**　出し殻をふりかけや佃煮にする
- **食材を少量ずつ買う**　食べ切れるようにちょこちょこ買いする

99

完璧な衛生を目指さない

山口　三浦哲哉さんの『自炊者になるための26週』に書いてあったんですが、**完璧な衛生を目指そうと思うとつらい**ので、自分の納得できる落としどころを見つけましょう、と。これはすごく大事だと思いました。キッチンってきれいにしようと思えばどこまででも丁寧にできますよね。食中毒の問題なんかもあるから、神経質にならざるを得ない部分もある。でも、どのくらいの頻度でアルコール消毒し、スポンジを取り替え、ふきんは煮沸するのかって、正解がないですからね。

佐々木　やろうと思えば、飲食店みたいに帽子を被って、ゴム手袋はめて調理することもできるわけですもんね。でも神経質になりすぎると大変。

山口　過剰に潔癖になってしまうと、怖くて肉が料理できないとか、そもそも料理したくないってことにもなりかねない。もちろん夏場にカレーを放置しておかないとか、生肉を触った手や包丁で生野菜を触らない、という重要な部分は気をつけたほうがいい。でもメキシコの家庭で料理を習ったときに、お母さんが生肉に味を付けた後に、指で味見していて「こうするべき」が崩れ去りました（笑）。

佐々木　日本人の衛生観念は世界的にもかなり厳しそうですね。家庭のメンバー内での、衛生観念の違いもありますね。衛生観念はパーソナルなものだから、「ふきんとパンツを一緒に洗うのはやめてくれ」っていう人の感性は、なかなか取り除けないかもしれないし。

山口　家事の分担をきちんとしたからこそ発生する問題でもありますね。どちらかだけが洗濯を全部やっていたら、いくら嫌でも相手にはバレないし（笑）。

佐々木　分担すると、お互いのやり方が気に食わなかったりするし「このふきん何に使うの？」っていう、認識の統一も必要になってきたりする。

山口　家族内の衛生観念がまったく同じなんて、本当にレアケースですよね。どっちもルーズだったら問題にならないけど、大体どちらかが適当で、どちらかが神経質。

佐々木 山口さんのところはどうですか?

山口 私の理想が100だとしたら、夫はもう60ぐらいで充分だと思うタイプ。それは別に彼が悪いわけじゃなくて、これぐらいやりたいという目指しているところが違うだけ。その40あるギャップを、どちらが歩み寄って埋めるべきなのかっていう問題は、全然答えが出ていないです。

佐々木 基本的には、より繊細で気になるほうがその役割を担当するしかないと思うんです。ゴミひとつ落ちているのが気になるなら、気になるほうが拾うしかなくて、気にならない人は、そもそも問題自体を感知できないわけですからね。

山口 誰かと暮らす場合は、話し合いも妥協も必要ですね。

佐々木 ひとりだとしても**完璧を目指さない落としどころは必要**だし、誰かと暮らすにしても**妥協する落としどころは必要**ってことですね。

山口 衛生面に限らず、普段のルーティンでやっていることって、それが本当に必要なことなのか見直す機会がなかなかないんですよね。何かが引っかかったり、嫌だなって思うことって、自分のことを知るいい機会だと思うし、何かが過剰でないか、家事をやりすぎていないかチェックするのはいいと思います。

100 家事は「めんどくさい」自分と向き合う時間

佐々木　ぼくは以前、キッチンをきれいに保つための掃除も皿洗いも、とにかく意味のない行為に思えて嫌だったんですよね。きれいにしてもきれいにしても汚れるし、すっ飛ばせたら嬉しいプロセスだと思っていたんです。以前はよく汚れた皿も放置していて、自分の先延ばしグセの象徴のようでした。でも好んではやりたくないものを、きっちりとこなす心地よさのほうがいつしか勝ったんです。毎日毎食発生してしまうことですけど、やったら終わることですからね。たとえば原稿は書いても書いても「2歩進んで100歩下がる」みたいなことが多いので。

山口　メールも返せば返すほど、送られてきますからね（笑）。ひとつひとつ「やり終えた」という感覚を感じるには、家事はいいですよね。

佐々木　習慣の本を書いたときに気づいたのは、**やりたくないと思う行為は、やり終えたときに意志力が増す**ということなんです。何かすると意志力がただ減るんじゃなくて、「めんどくさいと思っていたけど、できた」と自分を肯定的に見ることができると、次のめんどくさいものにも取りかかれるという。

山口　それは本当に佐々木さんの大発見だと私は思いましたよ。他にも、たとえば炒め物って中火で1分ぐらいは放置しても焦げないので、その間にちょっとしたボウルや調理道具の洗い物を済ませられる。**タイムマネジメントの練習にもなる**し、うまくいくと「決まった！」という感じで嬉しいし。

佐々木　禅宗では、トイレに行くのも修行なんですよね。ぼくがずっとそうだったんですけど、どうしても仕事、読書、文章を書くなどいかにも大事そうなことに重きを置きがちで。その大事なことを、掃除や皿洗いなんかの些末な家事が邪魔しているという発想がずっとあったんです。でも大切なのは、行為に主従関係をつけないことかもしれないと思います。瞑想や、座禅を組むことだけじゃなく、トイレに行くことも修行になりうる。毎日の洗い物も**「めんどくさいと思う自分と向**

山口　**き合う時間だ」**と考えると、洗い物を溜めなくなったんです。

私も含めてですけど、本当に流れ作業として掃除や洗い物をしている人がほとんどだと思うんですよね。「早く終わらないかな」という気持ちで。でもそういう気持ちで取り組んでいても、つまらないのは当たり前ですよね。

佐々木　時間に余裕さえあれば、洗い物もマインドフルネス的で楽しい。そして「めんどくさい」シールをいろいろなものに貼り続けていると、本当にスマホを見ること以外のすべてがめんどくさいものになってしまうような気もします。

山口　現代人は頭の中が忙しすぎる問題もありますよね。あれもやんなきゃ、これもやんなきゃという状態のときに、何もせずただ座って瞑想してっていうのも、なかなか酷だとは思うんです。そういうときに、**手を動かしながら頭をすっきりさせることができる機会**だと思って、掃除や洗い物に取り組んでみてもいいと思いますね。夫と一緒に住み始めた頃、よく洗い物を一緒にやって「気持ちいいよね」って声がけしてました。「片付くって気持ちがいいね」って。

佐々木　調教ですか？

山口　教育です（笑）。

5章　キッチンの壁　まとめ

- 狭いキッチンでも、無理せずできることからステップアップする
- 火口の種類、動線や日当たりなど、キッチンを選ぶ優先順位を考える
- もし収納が苦手でも、ものの総量を減らせばその必要性は薄くなる
- 冷蔵庫は気持ち小さめで、食材ひとつひとつと仲良くなっていく
- たとえ冷凍が苦手でも、こまめに買い物にいけばカバーできる
- 電子レンジは特性を理解して、温め直しや下ごしらえには存分に使う
- ホットクックのような便利な調理家電は、料理の基礎を覚えてから
- キッチンが清潔だと料理のやる気も出る。調理道具や器は増やしすぎず、定番として作りたいものができてから検討する
- 器は多用途に使えるもので、少数にお金を集中投下する

- 器はワンアクションで出せたり、自分の「型」がのせられるだけに
- 皿洗いは、感謝されづらく、地味な家事である
- 好きな器や便利な装備に頼り、洗い物が楽しくなる環境を作る
- ワンプレートにしたり、洗い物を減らす工夫をする
- ふきんのマネジメントなど、衛生観念はパーソナルなので正解がない
- ゴミの処理は、かかる手間と心地よさのバランスを取る
- 衛生は、完璧を目指さず、落としどころや妥協できるポイントを探る
- 家事は「めんどくさいと考えてしまう自分」と向き合える時間。「やりたくない」ことができると、意志力が増すこともある

おわりに——自炊するより大事なこと？

自炊の悩みがない人たち

佐々木　この本の制作中、毎日のように料理をし、料理本を読み、この原稿を書きながらも、ぼくの頭の中で「料理は、どうしてもしなきゃいけないものなのか？」という疑問が鳴り止むことはありませんでした。だからこの問題について触れないと嘘になるし、とても私的な理由があって引っかかってもいる問題なので、最後にどうしてもお話ししておきたいなと思います。料理をしていなくても、罪悪感を感じない人ってたくさんいると思うんです。

山口　世界の自炊を巡る旅をしていると、世界全体の傾向として、若い世代は少しずつ料理しなくなっているように思います。忙しいし、Uber Eatsみたいに自宅にいながら、簡単に食が手に入る方法もできましたからね。韓国に行ったときも「自炊の悩みは何かありませんか？」と尋ねていたんですが、私が聞いた限りではみなさん「ない」ということで。韓国では、外食が安いわけじゃないけれど、量が多くて野菜もたくさん食べられる。結果的に、外食のほうがコスパが良いという感覚になるんですよね。日本のように料理ができるかどうかが、人間性が試される基準みたいになっているのも、すごく例外的な状況だと思います。

佐々木　海外の人たちのように「料理していなくても罪悪感がない」状態って、とてもいいと思うんです。考えてみると料理というのは、罪悪感を感じるフックがすごく多いんですよね。そもそも料理をしないという罪悪感がある。料理をしていても、品数やレパートリーが少ない、とか悩むポイントが多すぎる。

山口　理想を追求すると、野菜は全部オーガニックで、平飼いの卵を買うべき……とか、どこまでもハイレベルに悩めるので、罪悪感のフックの宝庫だと思います。

罪悪感は理想との差が生む

佐々木　どういうときに罪悪感を感じるのかというと、何かしらの理想とする基準があって、その基準と現実に落差があるときだと思うんです。「本当はこうすべきなのに、できてないからダメだな」と思っちゃう。

そして日本人が料理に罪悪感を抱きがちなのは、恥の文化のようなものも影響しているかもしれないと思いました。4章「献立の壁」で見たように、仲のいい友達でも親族でも、普段どんなご飯のレパートリーで日々回しているのかよくわからない。一方、目に入ってくるのは、料理家さんやインフルエンサーのきらびやかなレパートリー。たくさんレパートリーがないとみっともないんじゃないかとか、これぐらいの品数の弁当を作ってあげないと、愛情がないと思われるんじゃないかとか、基準に達していないと「恥」になる。誰も正しい基準なんてわからないのに、高い基準に頑張って横並びになろうとしてきた。それで奇しくも、世界に類を見ない、豊かな家庭料理が花開いたのかもしれません。

比較する対象を変えてみる

山口 やっぱり日本は島国なので、他の国の事情がわかりづらいこともありますよね。私も外へ行ってみないとわからなかったことが、たくさんありました。日本の中のコミュニティーだけで比べようとすると、しんどくなるんだと思います。「他人と比較すると不幸になる」というのは、もはやいろんな場所で言われすぎて、誰でも知っているような言葉だけれど、それでも人間はやっぱり比較しちゃう生き物なんですよね。だからその比較対象を、たまには変えてみるのもいいと思います。ドイツに行けば、夜は火を使わずにパンとチーズとハムで済ませている家庭も多い。美食大国のフランスだって、パンを切って何かをのせたり、煮込みを作ってそれをパンで拭って終わり、ということもあります。でもパンもバターもジャムもひとつひとつがすごく美味しかったりして、さびしい感じもなくて。誰でも海外に行けるわけじゃないので、SNSやYouTubeで、海外のリアルな食生活をちょっと覗いてみるだけでもいいと思います。

罪悪感を解除できるのは「納得」

佐々木 この本でも、自炊にまつわるたくさんの「呪い」を解こうとしてきたと思います。必要なレパートリーの数、品数、味の完成度など。解ける呪いは解いて、高い基準を下げられると、現実との折り合いがついて罪悪感は感じずに済む。

罪悪感を考えるうえで鍵になるのは「納得」という言葉かなと思います。たとえば、この本の原稿が佳境を迎えたとき、自炊について書いているにもかかわらず、お昼を焼きそばUFOで凌いだりしてたんです。でも自分が限界までやっているのがわかっているから、そのチョイスにも納得できるし罪悪感も感じない。そして、この納得というのは本人にしかわからないということだと思うんです。

山口 ポテサラ論争（幼児を連れた女性が惣菜コーナーでポテトサラダを買おうとした際、高齢男性から「母親ならポテトサラダくらい作ったらどうだ」と言われた一件。さまざまな形での反発があった）も、その家庭の普段の食生活がどうであるかは、絶対にわからないはずで、その食生活に充分「納得」しているかもしれないのに、口出ししてしまったのが問題の根幹なんだろうと思います。

私がポテサラ論争を見たときに思ったのは、その高齢の男性はポテトサラダを作ったことがないんじゃないかな、っていうことだったんです。もし手間がかかるポテトサラダを作ったことがある人なら、何も言えないはず。私はそういう道でも解決していきたいんですよね。

冷凍食品の愛情

佐々木　ぼくが「納得」について考えさせられた、こんなエピソードがあります。テレビ番組で、いろんな芸人のお母さんが手作りのお弁当を披露して、どれが食べたいと思うかランキング付けされるという企画がありました。アンガールズ田中卓志さんのお母さんも、田中さんが学生の頃に持たせていたお弁当を、そのまま再現。メニューは冷凍食品の唐揚げ、卵焼き、プチトマト、みかん。番組では冷凍食品の唐揚げが「ねばっこかった」「味&愛情面でマイナス」と評価され、最下位になってしまいました。

田中さんのお母さんは、バラエティに出ると、笑いを取りまくっていたそうですが、さすがのお母さんもそのときばかりはリアクションが取れず、黙り込んでしまった。そして田中さんがすごい剣幕で母親の弁当をかばったんですね。「母親は看護師で、ずっと忙しかった。三交代制で一生懸命やっている中で作る弁当に冷凍食品が入ってくることもあるんだ」と。この発言に心が動かされた人は多かったようです。

山口　うちの母親も泣いた、と言っていましたね。母は自分で会社を経営しながら、ワンオペ育児だったので、その頃の記憶が蘇ってきたんだと思います。

佐々木　忙しいお母さんが作ってくれる弁当に対しての「納得」が田中さんにはあったんですよね。もちろんバラエティ番組の中の企画とはいえ、当事者にはそれぞれ事情があって、納得しているかもしれない食生活に口を出すべきではないという、教訓になったエピソードだと思います。

料理で不機嫌にならないこと

佐々木　田中さんの弁当とは反対に、頑張って作ったはずの料理が、あまり評価されない場合もあります。Xで「村儀」(@muragi_migaru)というアカウントの方が次のような内容を投稿して話題になっていました。

「私の母は、子育て中ほぼ100%夕食を手作りし、毎晩読み聞かせし、学校行事には全て参加したことを勲章のように語る。でも今考えても『そんなに無理してくれなくてもよかった、それよりそんなに怒らないで欲しかった』という感想しかない」と。

山口　母親も初めて母親をやるわけだから、やっぱり理想とする姿があるんですよね。理想の母親像、理想の子育て像があって、その理想に至れないと挫折したり、がっかりしてしまう。理想像を体現できたとしても、実は無理していたなら、その無理がどこかで家庭や子どもに向いてしまうこともあると思います。

料理を作って不機嫌にならないことは大切なことですね。家の中でお母さんやお父さんってすごく権力があるので、子どもにとっては、親が不機嫌なことがいちばん避けたいことなんじゃないかと思います。その不機嫌が、献立を一品減らすことで解消されるなら、その一品は全然いらなかったということですよね。

この本を読むことが、誰かと一緒に住んでいる人にとって、その人と食事について話すきっかけになってくれたら嬉しいですね。改めて食事の話をすることって、なかなかないと思うんですよ。「本当は何品ぐらいあったら満足なの？」とか。「本当に料理する気はないの？」とか。聞いてみたら、実は興味を持ち始めていたりするかもしれませんし（笑）。

料理よりも愛情が大切？

佐々木　漫画家の西原理恵子さんも「子どもが抱っこを欲しがるような時間は本当に短くて5歳ぐらいまで。だから料理も他の家事もあんなにやらなければよかった。もっと子どもたちを抱っこしてあげればよかった」というようなことを言っています。西原さん自身は愛情という言葉を使っているわけではありませんが、ここから「料理よりも愛情が大切」という命題を、ぼくは勝手に受け取ったんですね。「愛情」はこれ以上ないぐらい正しいものなので、反論しづらい。このテーマも、どう消化したらいいものかとずっと気になっていました。

ぼくがこのテーマが気になったのは、とても私的な事情からです。ぼくのパートナーは、食や料理への興味が強くある人ではありませんでした。パートナーが言うには「友人にも、お惣菜やコンビニのお弁当を食べて何の問題もなく育ってきた人もいるんだから」と。だからパートナーはぼくに対して、住まいの環境を整えたり、料理することよりも「自分が辛いときにそばにいてほしい」ということを、繰り返しぼくに伝えようとしてきました。でも、ぼくには長い間、その大切さがわからなかったんですね。ぼくの母親はたくさんの料理で育ててくれたので、料理を振る舞うことは、ぼくにとって大切な愛情の表現だった。ぼくは素の自分に自信がない。その自分がただ誰かのそばにいても、価値があるようには思えなくて、何かをこなすことで自分の価値をようやく認めてきたとも思います。だからぼくも、頑張って料理をやりすぎていたのかもしれない。

自炊は「正義」すぎる？

山口　私のミッションは自炊する人を増やすことですが、自炊をすすめることに、何の引っかかりもないわけではないんです。「自炊をすれば節約ができますよ、健康になれますよ」ってよく言われるし、工夫して自炊すればそれは真実でもあります。でもそれって、あまりにも「正義すぎる」なと思うんです。趣味や気晴らしのためじゃなくて、健康や身体のことを考えて料理にお金や時間を使っているって「ちゃんとしている人間」感がすごいですよね。そして、その正義感を振りかざす人間が、自分の中に確かにいることも実感しています。

佐々木

「自炊したほうがいいですよ」と言われても「そ、そうですよね」「わかってはいるんですけど」と答えるしかないというか。「運動したほうがいいですよ」というのと同じで、ほとんど反論の余地がないものだから、圧倒的な正しさに、息苦しくなる人もいるのかもしれない。

人に自炊の魅力を伝えるときは、1章の最後、「ぼくたちが、自炊をする理由」という項目で見たような、パーソナルな理由のほうがいいのかもしれませんね。驚き、楽しみ、好き、そういったものが自炊の行為そのものの中に見つけられると、誰かのためにするという義務感や、節約や健康のためにするという目的からも離れられるというか。

いろいろと考えたんですが、ぼくが出した結論は、料理もやっぱり愛情のひとつの表現であるということ。自分の愛する誰かに「美味しくて栄養のあるものを食べてほしい」と思うことはすごく自然なんですよね。ただ、その矢印を反対にして「愛情があるなら料理するはずだ」「愛情の証明のためには料理をしなければいけない」と考えると、おかしなことになるだけで。

食が作り出す納得

佐々木　そして、やっぱり食は人の営みと切り離せないもの。食に興味が薄かったはずのパートナーもある日、「胃袋をつかまれた」と言ってくれたことがあります。食の喜びにも目覚めて、けんかしているようなときも、美味しいものを食べると、怒りが収まってしまうと。そのパートナーとは本当にいろいろあり、きれいごとだけじゃなく、汚いことも恥ずかしいこともして、傷つけてしまったこともある。彼女と一緒の生活が豊かになるように、それが動機で料理を学び始めたのですが、別々の道を歩むことになりそうです。そして、当初の目的を失った料理のスキルだけが手元に残ったとき、やっぱり虚しさはありましたね。

山口　佐々木さんが誰かのためにご飯を作った日々もあったと思いますが、ひとりに戻っても、仕事を頑張ったごほうびに刺身を買って食べたりするのも自分のためになるし、別の人と一緒になったり、誰かの介護をしたり、料理はなんにだって使えるスキルですからね。

佐々木　料理は必ずしもしなくてもいいけれど、それで食事も取らなくていいようになるわけでもない。自炊しなくてもいろんな形で食事は取れるけれど、自炊ほど簡単に満足感を得られる方法もないなと思います。自分が作った、なんでもないご飯からもらえる満足感は本当にすごいので。

山口　自分のことを安心させてあげられる方法として、自炊以上のものが、なかなかないと思うんですよね。今の私に自炊のスキルがなくて、インフルエンザで寝込んだとしたら、コンビニの白粥を食べるしかないかもしれない。何かあるだけでも本当はありがたい。でも病気で心もとないのに、コンビニ飯しか食べられないことが、追い打ちをかけてくることもありますよね。栄養的にはほとんど同じかもしれないけど、誰かが作ってくれたお粥に癒やされたいと思う。それは作者が自分だろうが同じで。

解ける呪いは解き、解けない呪いは共に生きる

佐々木　ぼくのような未婚中年がコンビニやスーパーのお惣菜でご飯を済ませることに、なぜわびしさを感じるのかということも、明確な答えは出ませんでした。やはり

あるべき姿は、誰かの手作りの料理を食べること、という理想像から逃れられないだけかもしれない。何も感じない人は問題ないし、他人の食生活には口を挟むべきでもない。でももうこれは、自分にかけられた解けない呪いだと考えたほうがいいのかもしれないと思うようになりました。

どうしても解けないなら、もうその呪いと共に、一緒に生きていく。自分のためのご飯を作り続けていこうかなと思っているところです。映画の『PERFECT DAYS』（役所広司演じるひとり暮らし中年の、清貧なルーティンを描く）には自炊シーンがほぼないのがネックだと思っていたんです。映画を超える『PERFECT 自炊 DAYS』を見せたらぁ！　と思わなくもないというか（笑）。

この本の制作が佳境を迎えた年末年始に、まさにインフルエンザになりました。家族にうつすといけないから、ひとりで過ごすことにして。身体もしんどいからこの本を書く前だったら、大量の栄養ゼリーを買ってやり過ごしていたと思います。でも冷蔵庫にあった食材で「しょうがとねぎたっぷりの適当豆乳スープ」を作ったんですね。豆乳は盛大に吹きこぼれて失敗（笑）。でもそれがとっても温かくて、優しい味で。自分で作り出したのに、自分の隣にいて、味方になってくれるような味でした。山口さんが自炊をすると「なんだか大丈夫って思える」と言っていた意味が、遅まきながら実感できたんです。

自炊はやめてもいい

佐々木 ふと気になったんですが、山口さんがたくさんの人に料理を教えてきた中で、この人は壊滅的にセンスがないなとか、どうしようもないなと思ったことってあるんですか？　フードライターの白央篤司さんは「どうしても料理が苦手だったり、興味を持てない人がいるのは仕方がないこと。学校の科目で誰にでも得手不得手があるのと同じ」というようなことを言っていました。

山口 私は昔、金継ぎ教室の講師をしていたんですが、細かい作業なので金継ぎはどうしても苦手っていう人はいましたね。でも料理では、ほとんどないです。誰だって、にんじんを切ることはできますからね。

佐々木 料理は、切る、加熱する、味付けをするという工程しかなくて、だからこそレシピにも再現性があるわけだし。

山口　最初は時間がかかるかもしれない。段取りも良くないかもしれない。でもできるんですよね、料理は。あとはどうしても好きになれなくても、慣れたらいいですね、と伝えることもあります。

佐々木　料理を改めて始めて、1、2か月もすると自分が初心者を脱していると思えました。わからないことはまだまだあり、レパートリーも心もとないものの、少しずつ定番を見つけていって、買い物や段取りの型みたいなものもできていった。そして、5、6か月経った頃には、もう自分はこの本で考えるところの、自炊のゴールにはたどり着いたなと感じました。

山口　料理をやってみて「自分にはどうしても向いてない」と判断する人がいても自然なことだと思います。この本を読んでもらって、自炊の壁がほとんど壊された状態でやってみたけれども、それでも向いていないと思うなら諦められる。でもトライもしないと「納得」には至れないですよね。ライフステージの移り変わりで自炊を始めることがあってもいいし、自炊から離れるタイミングもあるかと思います。そして自炊のスキルって、一度やめたからって簡単に失われるものでもないんですよね。しばらく歌を歌わなくても歌えなくなるわけじゃないのと同じで。

自炊を一度やめても、誰かと一緒に住み始めたとか、結婚したとか、リタイアしてお金に余裕がなくなったとかそういうタイミングで、また再開するときが来るかもしれない。そのときに自炊の壁がある状態から始めるのか、壁なんてないと理解していて、もう一度始めるのは全然違うと思います。何かが怖いと思っているより、できる、大丈夫、と思っているほうが人生楽しいですし。

佐々木

海外ドラマを観る代わりに

以前、料理を挫折してしまったのは、今から思えばゴール設定もわかっていなければ、ただ漫然とレシピをなぞるという学び方も良くなかったからだと思います。でも料理は本当に、そんなに難しいもんじゃないんだっていうのが、よくわかりました。そのときの自分が喉から手が出るほど欲しかった本が今回できたと思います。レシピ本を愛する和田さんが編集者でいてくださったことが、内容にも大きな影響を与えてくれました。そして何より山口さんと出会えたおかげだから、本当に感謝しています。

山口　この本を作る過程で浮かび上がってきた「初心者であればあるほどレシピを使わないほうがいい説」を佐々木さんが実証してくださったことが、本当によかったです。2年半前は私が料理の話をすると「わからないことだらけ」という顔をされていましたが、今は佐々木さんが料理の言語を身体で理解されているので、話がとてもスムーズに運ぶなぁと感じています。佐々木さんは料理ができるようになったと思いますし、別の言い方をすると、料理が馴染んだ感じがします。佐々木さんにとって料理をすることは日常的で、あまり料理に対して困りごとなく日々淡々と作って、自分で自分を安心させられている。本当に、佐々木さんと「自炊の壁」が本当に肩を組んで仲良くやっている、みたいな印象があってとても素敵です。ここから先はレシピを使ってもいいし、使わなくてもいい。

佐々木　生きることの根幹にある「食べること」の選択権が自分の手にあると、本当に安心できるし、心地がいいんですよね。読んでくださった方が「自分の自炊のかたち」を見つけてくださったら、心からこの本を出してよかったなと思います。確かにぼくは、もう自分のことを「料理ができる」と言ってしまっていい状態なのかなと思います。レパートリーは少ないし、作る料理もあまりに普通すぎるんだけれども、自分の料理を充分納得して味わうことができている。何より自炊するのが楽しい。料理に再入門する前までは、料理を学ぶことは、楽器でいえばピアノやバイオリンを弾きこなすような、とっても難しいものに思えていました。でも今はみんなが幼稚園や小学校で習った鍵盤ハーモニカとか、リコーダーとか、それぐらいのイメージになりました。それは、ほとんどの人が身につけることができるかもしれない間口の広いもの。

そして、ぼくがここに至るまで料理してきた時間は、数千時間とかではなくせいぜい数百時間の単位だと思うんですね。日本の連続ドラマでは足りないかもしれないけど、海外ドラマを1つ、2つ観終わるぐらいの時間で、一生これでもいいと思える自炊のスキルが身につく。

だとしたら「自炊をしばらくやってみるのも悪くないのでは?」と。

それが、ぼくたちからの最後の提案でしょうか。

［著者］

佐々木典士（ささき・ふみお）

作家／編集者。1979年生まれ。香川県出身。雑誌「BOMB!」「STUDIO VOICE」、写真集や書籍の編集者を経てフリーに。2014年クリエイティブディレクターの沼畑直樹とともに「Minimal＆Ism」を開設。初の著書『ぼくたちに、もうモノは必要ない。』は26か国語に翻訳され80万部以上のベストセラーに。『ぼくたちは習慣で、できている。』は12か国語へ翻訳、累計20万部突破。両書とも、増補文庫版がちくま文庫より発売。

X：@minimalandism

山口祐加（やまぐち・ゆか）

自炊料理家。1992年生まれ。東京都出身。出版社、食のPR会社を経て独立。7歳の頃、共働きで多忙な母から「今晩の料理を作らないと、ご飯がない」と冗談で言われたのを真に受けてうどんを作ったことをきっかけに、自炊の喜びに目覚める。現在は料理初心者に向けた料理教室「自炊レッスン」や執筆業、音声配信などを行う。著書に『自分のために料理を作る 自炊からはじまる「ケア」の話』（晶文社）、『軽めし 今日はなんだか軽く食べたい気分』（ダイヤモンド社）など。

X：@yucca88　Instagram：yucca88

自炊の壁

——料理の「めんどい」を乗り越える100の方法

2025年3月4日　第1刷発行
2025年4月10日　第2刷発行

著　者——佐々木典士
　　　　　山口祐加
発行所——ダイヤモンド社
〒150-8409　東京都渋谷区神宮前6-12-17
https://www.diamond.co.jp/
電話／03･5778･7233（編集）　03･5778･7240（販売）

ブックデザイン—杉山健太郎
イラスト——大嶋奈都子
写真————土田凌（扉）、佐々木典士
DTP————エヴリ・シンク
校正————円水社
製作進行——ダイヤモンド・グラフィック社
印刷————三松堂
製本————本間製本
編集担当——和田泰次郎

ISBN 978-4-478-12049-1